ATGOFION MELYS A CHWERW

ATGOFION MELYS A CHWERW

gan

STAN MORGAN

Cyflwyniad gan
EMLYN EVANS

GWASG GEE
DINBYCH

Ⓗ Stanley Morgan 1998

ISBN   0 7074 0313 8

Argraffwyr a Chyhoeddwyr:
GWASG GEE, DINBYCH

Cyflwyniad

Yr wyf yn adnabod awdur yr atgofion hyn ers dros chwarter canrif – ei adnabod fel bonheddwr o Gristion cwrtais a chymwynasgar, ymgomiwr ffraeth, blaenor cydwybodol yng nghyfnod olaf Capel Presbyteraidd Brynteg (cyn datgorffori'r achos yn 1989), ac oddiar hynny yn gymunwr yn Eglwys Crist Glanogwen, Bethesda. Ymhellach, gwn amdano fel adarydd brwd, aelod o'r Lleng Brydeinig, a chigydd y pentref cyn ei ymddeoliad ryw ddeng mlynedd yn ôl. O ganlyniad i'r amryfal weithgareddau hyn ac eraill, ni byddwn ymhell o'm lle yn sicr pe dywedwn fod Mr. Stan Morgan yn un o wŷr mwyaf adnabyddus ardal Dyffryn Ogwen, er mai 'dyn dŵad' ydyw fel y darllenwn ar dudalennau agoriadol y llyfr hwn.

Rhyw fis neu ddau cyn y Nadolig y llynedd, fe ddaeth gwedd newydd ar gymeriad ein cyfaill i'm sylw i pan roes ef yn fy nwylo lawysgrif y gwaith a gyhoeddir yma. Nid oedd gennyf un syniad o gwbl cyn hynny iddo fod wrthi'n ddyfal ers cryn amser yn cofnodi'i atgofion am ei brofiadau yn y Lluoedd Arfog yn ystod yr Ail Ryfel Byd. Gwelais ar unwaith ar ôl dechrau darllen ei waith fod ganddo nid yn unig rywbeth gwerth i'w ddweud – a'r rhywbeth hwnnw, er yn naturiol yn drist iawn mewn mannau, yn bwysig i'w roi ar gof a chadw – ond hefyd fod ganddo'i ddull arbennig ei hun o gyflwyno'r atgofion. Fe wêl y darllenydd hynny yn gynnar ar ôl mynd i'r afael â'r llyfr, a'i gael o'r herwydd yn anodd ei roi i lawr nes ei orffen.

Y mae'r teitl a roes yr awdur i'r gyfrol yn cyfleu'n union yr hyn a geir ynddi. Ar y naill law, dyma bortreadu erchylltra a gwastraff rhyfel ar ei waethaf, ac ar y llaw arall, wele o bryd i'w gilydd y cyffyrddiadau ysgafn, a doniol hyd yn oed, yn cofnodi digwyddiadau a ddôi â rhyw fesur o ollyngdod a chysur iddo ef a'i gymrodyr ym mhoethder y brwydro, wrth iddynt wynebu sefyllfaoedd enbyd ac argyfyngau dwys. Nid oes ganddo (fel sydd yn gweddu'n gywir i'w natur a'i gymeriad) unrhyw awgrym o orchest nac ymffrost, eithr yn hytrach fe ysgrifennodd ei hanes yn ffeithiol ddirodres ac yn wrthrychol deg. A gallwn ni, ei ddarllenwyr, ganfod yn eglur ddigon fod Mr. Stan Morgan, fel pawb ohonom, yn taer obeithio na wêl y ddynoliaeth unpeth tebyg fyth eto i'r trasiedi dychrynllyd a oddiweddodd Ewrop a'r byd ym mhedwardegau'r ugeinfed ganrif.

EMLYN EVANS
Mehefin 1998

Cynnwys

Byrfoddau

Q M Stores	Lle cedwid holl angenrheidiau'r milwyr.
NAAFI	Navy, Army, Air Force Institutes.
BOMBARDIER	Corporal Dwy Streip.
CCS	Casualty Clearing Station.
RAMC	Royal Army Medical Corps.
WVS	Women's Voluntary Service.
YMCA	Young Men's Christian Association.
LCT's	Landing Craft Tanks.

Yr Awdur, yn Y Drenewydd, 1942

Yʀ Aᴡᴅᴜʀ ɢᴇʀ Cᴀᴘᴇʟ ʏ Tᴡ̂ʀɢᴡʏɴ,
Bᴀɴɢᴏʀ, 1938

JOHN LLEWELYN MORGAN, TAD YR AWDUR,
YN Y RHYFEL BYD CYNTAF

JOHN LLEWELYN A GRACE MORGAN,
RHIENI'R AWDUR, YN Y PUMDEGAU

Rhagair

Rhyfedd o fyd fy mod i'n teimlo'n weddol ifanc a heini, ac eto fod plant ysgol yn astudio cyfnod fy ieuenctid fel rhan o bwnc 'Hanes'.

Dyna sydd gan fy mrawd Stan yn y llyfryn hwn – sef hanes ei hynt a'i helynt yn ystod yr Ail Ryfel Byd 1939-45.

'Rwy'n cofio fy nhad yn aml yn adrodd straeon am ei brofiadau yn Ffrainc yn y Rhyfel Byd Cyntaf – profiadau mwy erchyll na'i rai ef, medd Stan. Sut bynnag am hynny, ni chedwais ddim o'i hanes ar bapur, ac erbyn hyn, ychydig sydd yn aros yn y cof.

Hyn a sbardunodd Llewela, fy chwaer, a minnau i annog Stan i 'sgwennu'r hyn sydd yma i'w ddarllen. Fe glywsom yr 'atgofion melys' yn fuan iawn wedi iddo ddod adre', ond aeth blynyddoedd heibio cyn cael y 'chwerw'.

Erbyn heddiw *counselling* ydi'r gair mawr am yr hyn a geir ar ôl profiadau erchyll – gobeithio fod Stan wedi cael bwrw'i fol wrth 'sgwennu am ei brofiadau a thalu teyrnged i'w gyfeillion – y rhai a laddwyd a'r rhai a gafodd weld diwedd ar yr ymladd fel yntau.

'Roeddwn yn yr ysgol pan aeth Stan i ffwrdd, ac yn y Coleg Normal pan ddaeth y telegram i ddweud ei fod wedi ei glwyfo. Digwydd picio adre' yn ystod y pnawn, a mam yno'n crio a chymdoges yn ei chysuro. 'Doedd dim modd gwybod pa mor ddrwg oedd ei glwyfau (a bu raid disgwyl am lythyr gan Stan ei hun cyn cael mwy o wybodaeth), a chofiaf pawb yn dweud yr hyn glywid mor aml ar y pryd: 'No news is good news'! 'Roedd gen i ddarlith fin nos ar ôl dychwelyd i'r coleg, a chyrraedd ryw bum munud yn hwyr a'm gwynt yn fy nwrn, a chael cegaid go gas gan Miss Pooley (darlithydd Ymarfer Corff) a methu dweud wrthi'r achos 'mod i'n hwyr. Am wn i na ddaeth neb o'r athrawon i wybod dim am fy mhryder bach i.

Cafodd Stan ei eni yn Glanrafon a'i fagu yng Nghorwen yn yr hen Sir Feirionnydd ym 1923, ond treuliai lawer o'i amser efo teulu mam yn Glanrafon – pentref bychan rhwng Corwen a'r

Bala, ac mae ganddo deimlad cynnes hyd heddiw am yr ardal a'i phobl.

Symudodd y teulu i fyw i Fangor ym 1935, a byw ger Capel Twrgwyn lle 'roeddem yn aelodau o'r Ysgol Sul. Dechreuodd Stan fel prentis cigydd efo'r diweddar T. R. Owen, blaenor gweithgar yn Nhwrgwyn, ym 1938 ac yno bu tan ei alw i'r fyddin ym 1942.

Ar derfyn ei yrfa filwrol, ail gydiodd yn ei waith fel cigydd ym Mangor gan symud i Fethesda ym 1954 a sefydlu yno tan ymddeol ym 1986.

Daeth yn flaenor yng Nghapel Brynteg lle'r arhosodd nes caewyd y drws am y tro olaf ym 1989. Yna aeth yn aelod i Eglwys Glanogwen, lle mae'n aros yn gymunwr ffyddlon.

Treulia beth o'i amser hamdden yn magu bwjis gan gystadlu mewn sioeau ledled y wlad. Wedi ymddeol mae'n drysorydd y gangen leol o'r Lleng Brydeinig ac yn gweithio'n wirfoddol i rai sy' angen ymweliad neu eu cludo i'r ysbyty ac ati. Cafodd ei gydnabod gan rai o bobl Bethesda yn y Rhaglen 'Heno' ar S4C a mwynhau taith i Abertawe a derbyn tusw flodau a phlat i gofio'r achlysur gan Elinor.

Rhydd y gyfrol hon gipolwg i ni ar brofiad Cymro cyffredin digon dinod o'i amser fel milwr – prin yw'r rhai felly sy' wedi rhoi eu profiadau ar gof a chadw, a hyn sy'n ei gwneud yn ddogfen hanesyddol. Gobeithio ar yr un pryd y caiff pawb sy'n ei ddarllen yr un pleser ag a gafodd Llewela a minnau wrth wrando arno'n dweud yr hanes.

Lona Jones

Diolchiadau

I'm gwraig Ena am roi gofal i mi am bron i hanner can mlynedd, a diodde'n ddistaw tra bûm i'n sgwennu.

I'm chwiorydd Lona a Llewela am fy mherswadio i gofnodi yr atgofion hyn ar ddu a gwyn.

I'm merch Beth am ei hamynedd a'i pharodrwydd gyda'r cyfrifiadur.

I Cyrnol R. M. T. Campbell-Preston, O.B.E., M.C., T.D., am ei ganiatâd i ddefnyddio rhai o'r darluniau.

Mae hanner can mlynedd a mwy wedi mynd heibio ers y digwyddiadau hyn. Efallai bod y cof yn pallu, ac ambell i ddyddiad allan ohoni ryw gymaint ond, ar y cyfan, 'rwy'n meddwl fy mod yn o agos i'm lle.

Nid oedd cadw dyddiadur yn beth doeth iawn y dyddiau hynny rhag ofn i ni gael ein hunain yn garcharorion rhyfel a rhoi gwybodaeth i'r gelyn. Felly, os oes gwall, treigl y blynyddoedd sydd ar fai.

S.M.

(1)

Y Drenewydd

Yn y flwyddyn 1941, cyrhaeddais ddeunaw oed, ac wedi hynny 'roeddwn yn debygol o gael fy ngalw i wasanaethu gyda'r lluoedd arfog, a chyn pen llai na blwyddyn, felly y bu. Megis cannoedd a miloedd o fechgyn yn eu harddegau cefais fy ngalw i'r fyddin. Wnes i erioed feddwl am beidio â mynd am fod nifer o'm ffrindiau wedi mynd eisoes, a minnau'n edrych ymlaen at gael ymuno â nhw. Efallai y byddwn wedi medru mynd i weithio i bwll glo, neu ar y tir, neu'n fyfyriwr coleg, ond nid oeddwn yn ddigon peniog i fynd i goleg. 'Roeddem ni, fel teulu, yn aelodau yng Nghapel Twrgwyn, Bangor, ac yn mynychu yr oedfaon yn gyson, ac fel pob aelod fyddai'n cael ei alw i'r lluoedd, 'roeddwn yn cael Testament Newydd yn rhodd gan y Capel (chwaneg am y Testament eto).

Yn gynnar ym 1942, bu raid cofrestru. Os cofiaf yn iawn ym Mangor y bu hynny. Yn fuan iawn wedyn cael galwad i fynd i Gaernarfon am archwiliad; ugeiniau o fechgyn yn eu harddegau yr un modd. Ddechrau mis Medi cefais wybod gan y Weinyddiaeth Ryfel bod y dydd ar ddod. Wedi ffarwelio â'm cartre, a theulu a ffrindiau yng Nglanrafon, Meirionnydd, gadewais gartref ar yr 17eg o Fedi ac i'r Drenewydd â mi. Yr oedd fy mam yn pryderu ac yn poeni amdanaf, a'nhad a fu yn Ffrainc yn ystod y Rhyfel Byd Cyntaf yn llawn cyngor a rhybuddion. Nid oeddwn wedi trafaelio mor bell cyn hyn, ar wahân i Gorwen a'r cylch a thrip blynyddol yr Ysgol Sul i'r Rhyl, a chyn belled â Chaernarfon y ffordd arall.

Nid wyf yn cofio gadael y tŷ y bore hwnnw. Mae'n siŵr bod pob math o feddyliau yn corddi yn fy mhen – ble'r oedd y Drenewydd, pa mor bell, a ble byddwn i'n cysgu'r noson honno. Pan gyrhaeddais at Stesion Bangor, yr oedd dau o fechgyn eraill ar yr un siwrne â mi, ac i ffwrdd â ni i gyfeiriad Caernarfon, ymlaen i Borthmadog, Afon Wen a thua Machynlleth. Erbyn cyrraedd Machynlleth yr oedd naw neu ddeg ohonom ni o'r Gogledd. Yr oedd yn daith hir iawn ac yn flinder. Dyna gyrraedd Stesion Drenewydd a ninnau'n gorfod sefyll yn rhengoedd digon blêr o flaen y stesion i gael ein cyfri. Wedyn, martsio i ffatri wag gerllaw. Ffatri Price Jones os cofiaf yn iawn, ac yno oedd ein lletty am rai misoedd; ugeiniau ohonom ni ar ddau lawr y ffatri. Yr oedd bechgyn o bob cwr o Brydain yno, nifer helaeth iawn o Gymru, o'r Gogledd ac o'r De. Cyn diwedd y dydd 'roeddem wedi cael ein dillad milwrol a'r geriach i gyd, ac yn teimlo'n ddigon di-lun – 'rwy'n siŵr ein bod yn werth ein gweld! Wedi setlo yn y ffatri, cawsom orchymyn i anfon ein dillad sifil adre, ar unwaith. Yr oedd y lle bwyta ar gyfer milwyr yn y Pafiliwn, digon o le i borthi cannoedd ar y tro. 'Rwy'n deall fod y Pafiliwn wedi diflannu erbyn hyn.

Byddem ni, y Cymry Cymraeg, yn mynd i Gapel Heol Newydd ar fore Sul (daeth y Parchedig Huw Jones yn Weinidog yno wedi hynny), a cherdded yn dwt a threfnus yno erbyn deg o'r gloch. Os nad aem i wasanaeth, yr oeddem yn siŵr o gael rhyw orchwyl i'w gyflawni yn y lletty, a hwnnw'n orchwyl digon annymunol gan amlaf. Yr oedd cantîn neu ddau yno, mewn festri capel neu rywle cyffelyb, sinema hefyd, er nad wyf yn cofio mynd yno gan fod yr arian braidd yn brin – chweugain (50c) yr wythnos, felly nid oedd rhyw lawer iawn o foethusrwydd.

O bryd i'w gilydd byddem yn cael ein hanfon i'r Rostir Dolfor ar y Sul i godi tatws (helpu'r ymgyrch ryfel meddent). Yr oeddem ni'n cael hanner coron (12.5c) y diwrnod am ein llafur. Yr oedd yn help 'rwy'n cydnabod, ond 'roedd gwaith glanhau dillad ac esgidiau ar ôl dod yn ôl fin nos, i'w cael yn lân ac yn weddus erbyn bore dydd Llun. A bod yn onest, nid oedd hi'n werth y drafferth.

Fel y gŵyr pob milwr, yr oedd ymarfer corff yn bwysig iawn yn y fyddin; byddem yn ymarfer o leiaf unwaith y dydd. Yn aml byddem allan cyn iddi ddyddio, mewn crys isaf, trowsus cwta ac esgidiau ysgafn, a chôt ucha' am y cwbl a martsio allan o'r dre i gae oedd yn wyn gan farrug. Yno am dri chwarter awr yn neidio a gwyro bob yn ail. Buan iawn yr oeddem ni yn cynhesu, ac yn teimlo tipyn gwell ar ôl bod. Wedyn i'r Pafiliwn am frecwast, ac yn ôl i'r ffatri i newid i ddillad caci, ac ail-ddechrau'r ymarfer milwrol.

Tra oeddwn yn y Drenewydd cefais gyfle i ddysgu dreifio, gan fynd am hyfforddiant bob dydd i Lanidloes, Y Trallwng, Trefaldwyn a Rhaeadr. 'Roeddwn yn cael gweld tipyn mwy ar y wlad. Yr oedd yr ymarfer yn galed iawn yr wythnosau cyntaf, a ninnau'n feddal. Fe dalodd inni wneud hyn i gyd, pan ddaeth yn fater o ryfela o ddifri wedi mynd dros y dŵr. 'Roedd un peth yn sicr – yr oeddem ni i gyd yn holliach. Wrth ymarfer yr oeddem yn cael digon o hwyl ac yr oedd pawb yn reit galonnog, er bod y dillad caci yn cosi a'r esgidiau'n galed. Yr oedd un o'r bechgyn yn methu â chau ei lygaid chwith wrth anelu'r dryll, ond trechodd yr anhawster trwy roi ei gap dros ei lygaid. 'Roedd llawer iawn o dynnu coes. Byddem hefyd yn ymarfer gyda'r bidog a'r dryll, rhedeg fel ffyliaid ac anelu at sach a oedd yn crogi wrth raff. John, bachgen o Fangor, yn rhedeg â'i lygaid wedi cau, yn mynd heibio'r sach o fwriad, gan sgrechian a rhedeg ar draws y cae. Fe'i cafodd hi gan y swyddogion, ond 'roedd yno hwyl a chwerthin serch hynny. 'Roeddem yn barod iawn am y gwely bron bob nos, ond mae'n debyg ein bod yn caledu'n raddol. 'Roeddem yn cadw'n iach beth bynnag.

Yn ystod fy nyddiau yn y Drenewydd 'roeddwn yn meddwl fy mod gannoedd o filltiroedd oddi cartref, ac eto dim ond mynd dros Fynydd y Berwyn a byddwn yn ôl yn fy hen gynefin, taith ryw awr neu ddwy mewn car y dyddiau hyn. Ar ôl tri mis o'r ymarfer, cefais seibiant gartref. Deng niwrnod os cofiaf yn iawn ac, yn ffodus, 'roedd hyn yn cynnwys Nadolig, 1942. Dyma'r Nadolig olaf i mi gartref gyda'r teulu am flynyddoedd lawer. Cael mwynhau'r seibiant ac ymweld â'r teulu yn Sir Feirionnydd. 'Roeddwn yn ôl yn y Drenewydd erbyn dechrau'r flwyddyn, ac ymhen ychydig wythnosau, cawsom ein symud dros Glawdd Offa am y tro cyntaf. Caem ein hanfon i bob rhan o Brydain ac, yng nghwmni rhyw bymtheg o fechgyn eraill, cyrraedd Watford ar gyrion Llundain – yn Lloegr am y tro cyntaf.

(2)

Dros Glawdd Offa

Aeth trên â ni i lawr i Watford. Wedi cyrraedd, ein martsio o'r stesion trwy'r dref, ac i neuadd Eglwys. Y neuadd hon fu'n llety inni yn Watford, ugeiniau ohonom yn cysgu ar y llawr. Y fyddin yn ein caledu wrth inni gysgu ar lawr am y tro cyntaf. 'Roedd Watford yn lle difai, ac mi wnes i fwynhau fy hunan yno. Llwyddais i gael ambell i brynhawn Sadwrn yn Llundain yn gweld y brifddinas – yno am y tro cyntaf. Gwelais y tramiau, bysiau troli a threnau tanddaearol, amryw o adeiladau pwysig ac enwog, a gweld difrod ofnadwy'r rhyfel. Nid wyf yn cofio am faint y bûm yn Watford, ond daeth y dydd i symud eto. I Wastadedd Salisbury o bobman, ardal wedi ei mwydo mewn militariaeth – naw o bob deg yno â rhyw gysylltiad â'r fyddin. 'Roedd rhaid i ni fod ar flaenau'n traed yno, ond yn ffodus ni bûm yno'n hir iawn.

Cawsom adael Lark Hill, Bulford a Gwastadedd Salisbury, a symud i Bencadlys y 'Gynnau Mawr' yn Woolwich. Lle arall milwrol iawn, ond yn well o lawer na'r llall. Cefais gyfle eto i ymweld â Llundain, pan fyddai'r arian yn caniatáu. Gan ein bod yn Woolwich yr oedd hyn yn golygu ein bod yn y gatrawd gynnau mawr, rhywbeth a oedd yn hollol ddiarth i mi. Ond 'roeddem yn dygymod â hwy ac yn eu tynnu o fan i fan dros fryn a phant. Yr oedd hyn yn waith trwm, ond llwyddem i wneud y gwaith yn foddhaol, ac eto yn falch o'r ymarfer yma pan ddaeth yn adeg eu defnyddio o ddifri ymhen ychydig fisoedd wedyn.

Cefais seibiant gartref ymhen amser; pythefnos y tro hwn, y tro olaf i mi fynd adref am rai blynyddoedd. Mi wnes fwynhau fy hun gartref a hefyd yng Nglanrafon. Yna fe ddaeth y mwynhad i ben, minnau'n ei throi hi'n ôl am Woolwich am chwaneg o ymarfer efo'r gynnau mawr. 'Roeddem yn amau bod rhywbeth yn bod pan gawsom archwiliad meddygol a phigiad yn y fraich. Ac yn wir, cyn pen dim amser, 'roeddwn ar daith eto, ar drên i filwyr o Woolwich i Glasgow yn yr Alban ar lan Afon Clyde. Gadawsom y trên a mynd i wersyll am y noson, ac wedyn ar fwrdd llong cludo milwyr a oedd yn disgwyl amdanom ar yr afon. Yr oedd cannoedd ohonom o bob adran o'r lluoedd arfog. Yna hwylio o'r afon i'r Môr Mawr a neb yn gwybod i ble'r oeddem yn teithio.

(3)

Gadael yr Alban

Ychydig iawn 'rwy'n ei gofio am y fordaith ac nid wyf yn cofio enw'r llong chwaith. Fe gymerodd y daith tua deng niwrnod. 'Roeddem wedi'n pacio yn glos iawn at ei gilydd ar y llong, ac yn gorfod camu dros y naill a'r llall os am symud. Cysgem ble bynnag y medrem, ar lawr, ar fyrddau neu, gyda lwc, cael gafael ar grogwely. Cael dod allan ar fwrdd y llong i wneud ymarfer corff a hefyd i ymarferiadau cychod achub, ond y rhan fwyaf o'r amser yr oeddem yng nghrombil y llong a'r gwres yn llethol. Ar y fordaith honno cyfarfûm â Chymro di-Gymraeg o Frymbo ger Wrecsam, a chawsom gwmni ein gilydd. (Bydd sôn amdano eto).

Cofiaf inni fynd drwy gulfor Gibraltar liw nos, a'r Graig mewn tywyllwch a'r ochr draw yn olau i gyd. Am a wn i mai Tangiers oedd y fan honno. Yr oeddem yn tybio mai Gogledd Affrica fyddai pen y daith – Libya neu'r Aifft. Mae'n debyg y byddem wedi gallu mynd drwy Gamlas Suez tua'r Dwyrain Pell, ond yn ffodus bwriwyd yr angor ym mhorthladd Algiers wedi siwrne dawel a digyffro. Buom yno am bedair awr ar hugain, ond heb gael symud o'r llong. Yr oedd prysurdeb mawr yn y porthladd – milwyr, Ffrancwyr ac Arabiaid yn gwau drwy ei gilydd ac yn ffraeo a gweiddi. Yr oedd Algeria, yr amser hwnnw, o dan lywodraeth Ffrainc wrth gwrs. Yr oedd plant bach o Arabiaid yn trio ein denu i brynu ffrwythau, ond 'roeddem wedi cael ein rhybuddio i beidio â bwyta ffrwythau rhag cael afiechyd. A dweud y gwir, yr oedd yr aroglau'n ddigon. Nid oeddem yn deall Ffrangeg nac Arabeg chwaith.

Codi angor eto drannoeth a hwylio gyda'r arfordir at dref Phillipville. Cawsom lanio, a martsio o dan ein paciau drwy'r dref i wersyll dros-dro mewn perllan, lle'r oedd ffrwythau o bob math ac eto, nid oeddem am fentro eu bwyta rhag salwch. Cysgem ar y pridd gyda rhwyd mosgito drosom yn yr hwyr. Buom yno am ryw dridiau, yn cael darlith ar ôl darlith am afiechydon ac yn y blaen, ac yn llyncu tabledi malaria. Yr oedd hyn ar ddechrau Awst mi gredaf, a gwres yr haf yn ei anterth. Yr oeddem yn ddiolchgar am unrhyw gysgod rhag yr haul, ac arnom syched o fore gwyn tan nos. Cawsom ein hel at ein gilydd un bore a martsio i lawr i'r dref ac i'r stesion, lle yr oedd trên wagenni gwartheg yn disgwyl amdanom.

(4)

Allan i'r Anialwch

Cychwyn ar y daith, gan adael arfordir ffrwythlon Phillipville o'n holau ac i gyfeiriad yr anialwch â ni. Siwrnai boeth, sychedig a blinedig ac araf iawn – diwrnod a mwy. Stopio ryw ddwywaith i wneud paned a thamaid o fwyd. Nid oeddem wedi cyrraedd y Sahara a'r tywod. Yr oedd yr anialwch mawr hwnnw gannoedd o filltiroedd i'r de. O'r diwedd dyna gyrraedd pentref bychan yn dwyn yr enw Ffrengig 'Château Don'. Hwn oedd pen pella'r lein, ac aeth lorïau â ni a'n paciau ar daith eto ymhellach i'r anialwch. Cyrraedd gwersyll mawr, dim byd ond pebyll, dim un adeilad coed na cherrig. Wedi disgyn o'r lorïau, gorfod sefyll mewn rhengoedd yn chwysu a chael ein didoli ar gyfer y pebyll. Yr oedd wyth ohonom ym mhob un, ac yno ar bridd y byddem yn lletya. Rhwyd mosgito eto drosom yn yr hwyr, a dal ati i lyncu tabledi. Y pedwar blinder mawr oedd syched, gwres, chwys a phryfed.

Wrth edrych tua'r gorwel i'r pedwar ban, nid oedd coeden i'w gweld yn unman, dim ond anialwch llwm a'r babell oedd yr unig gysgod. 'Roedd bwyta pryd o fwyd yn tipyn o gamp gan fod miloedd o bryfed yn heidio o amgylch y byrddau bwyta, a'r margarîn a'r jam fel dŵr – 'roeddem yn ei dywallt ar y bara. Y peth gorau o'r cwbl oedd y 'paned o de, ond yr oeddem yn arfer cynefino â'r sefyllfa yn araf deg.

Er ein bod yng nghanol yr anialwch, yr oedd yno ryw gymaint o fywyd gwyllt. Weithiau byddai'r jerboa (llygoden fawr yr anialwch) yn neidio o fan i fan rhwng y pebyll, ac yr oedd genau goeg yn dod i'r pebyll yn lluoedd ac yn neidio dros ein plancedi a'n dillad, ond 'roeddent yn hollol ddiniwed, a'u cwmni'n beth cyfarwydd. 'Roedd gan y brodorion asynnod, mulod a chamelod ar gyfer gwaith. Cofiaf un tro deulu cyfan o Algeriaid yn teithio heibio'r gwersyll; yr oedd y tad ar y blaen ar farch gwyn heini, ei feibion ar geffylau, a'r gwragedd ar asynnod neu fulod yn cael eu tywys gan y gweision a'r morwynion. Yn dilyn y mulod, yr oedd tua dwsin o gamelod llwythog iawn a'r gweision yn eu tywys, a'r tu ôl i'r rhain i gyd 'roedd praidd mawr o ddefaid a geifr a'r plant oedd yn gyfrifol am eu cadw mewn trefn. Yr oedd yn olygfa werth i'w gweld. Nid wyf yn gwybod o ble yr oeddent wedi dod, nac i ble yr oeddent yn mynd; y cyfan i gyd yn fy atgoffa am hanesion y Beibl a gwlad y dwyrain, a minnau'n falch o gael y profiad hwn.

Byddem yn codi tua phump o'r gloch y bore i ymarfer corff, martsio ac ati. Cael seibiant wedyn tan tua phump o'r gloch yr hwyr i gael cyfle i 'sgwennu adref a gwneud tipyn bach o olchi a thwtio. Nid oedd fawr o waith golchi gan ein bod yn hanner noeth drwy'r dydd – pâr neu ddau o sanau a syrcyn tenau. Byddent yn sychu mewn dim amser. Byddem yn ymarfer wedyn o bump o'r gloch tan wyth y nos. Caem ryw hanner pwcediad o ddŵr bob dydd i ymolchi, golchi dillad ac yfed. Felly 'roedd rhaid gwneud yn fawr ohono. Byddai'r NAAFI yn galw heibio unwaith yr wythnos, a chyfle i ni brynu sebon, sigarets a mân bethau eraill. Rhoddid inni hanner cant o sigarets a photelaid o gwrw am ddim bob wythnos. Er bod y cwrw'n gynnes, yr oedd yn helpu i dorri syched. Nid oedd tuniau diod yr adeg honno, na rhewgell chwaith!

Gwelem rai o'r brodorion o bryd i'w gilydd. Byddai bugail ifanc yn pasio heibio ambell waith a phraidd bychan o ddefaid a geifr o dan ei ofal, rhyw ugain ohonynt efallai, a'r praidd yn glwstwr o'i amgylch. Minnau'n cofio am yr Ysgol Sul, a'r hanes am arwain y defaid at borfa a dameg y ddafad golledig. Mae'n debyg fod y llanc yn gwybod ble'r oedd porfa i'w chael, a 'synnwn i ddim nad oedd enw ganddo ar gyfer pob un o'r defaid. Bob dydd byddai un o'r brodorion yn galw yn y gegin gyda throl a mul i hel sbarion, a'i fab yn gwmni. Y mab, a oedd tuag wyth oed, yn dal penffrwyn y mul tra oedd ei dad yn llwytho. Yna'r ddau yn mynd at y drol, a'r bachgen yn plannu ei fysedd i mewn i'r sborion a chwilota am damed blasus; yn bwyta o gibau'r moch yn llythrennol. Golygfa drist i mi ar y pryd, o feddwl bod gartre'n cael eu gwala a'u gweddill o fwyd, er bod amgylchiadau seithwaith gwaeth ledled y byd y dyddiau hyn. I mi, yn fachgen yn ei arddegau, yr oedd yn agoriad llygad – nid oedd newyddion mor hysbys y dyddiau hynny, dim radio gennym heb sôn am deledu ym mil naw pedwar tri. 'Roedd gan y bachgen gap gwlân bychan ar ei gorun, a syrcyn tenau amdano a dim byd arall. 'Roedd yntau'n droednoeth fel ei dad a gwadnau ei draed fel lledr. 'Roedd crachod ar ei bengliniau ac o amgylch ei geg, a'r pryfed yn ei boeni wrth heidio o gwmpas y rhain. Yr oedd golwg druenus arno, a byddaf yn meddwl amdano'n aml. Os yw'n fyw heddiw mae'n ddyn canol oed; ar achlysur felly y bydd hiraeth yn gafael ynof.

Tra buom yn yr anialwch, 'roeddem yn creu ein hadloniant ein hunain – pêl droed a chriced, ac ambell i gyngerdd, neu dod yn griw at ein gilydd i ganu'r caneuon a oedd yn y ffasiwn bryd hynny. Chwaraeon yn yr hwyr wrth gwrs, wedi machlud haul. 'Roeddem yn llwyddo i wneud ein harhosiad yn yr anialwch mor ddifyr a chyfforddus ag yr oedd modd.

Nid oeddwn hyd yma wedi derbyn llythyrau o gartref, ac wedi misoedd lawer y daeth y llythyrau. Tua diwedd Awst oedd hynny a'r gwres yn ei anterth. Cofiaf un noson pan fu storm o fellt, taranau a glaw trwm. 'Roeddem i gyd allan yn ein trowsusau cwta yn ceisio dal ein gafael yn y rhaffau a pholion y pebyll yn y gwynt, ond erbyn deg bore drannoeth, 'roedd pobman wedi sychu heb arwydd o gwbl bod storm wedi bod.

Daethai'r ymladd yng Ngogledd Affrica i ben ers peth amser â'r Cadfridog Erwin Rommel a'i 'Africa Korps' wedi eu gorchfygu, a'r gweddill wedi ffoi yn eu holau i Ewrop – i'r Eidal, Iwgoslafia a gwlad Groeg. Mae'n debyg bod byddinoedd y gorllewin wedi croesi Môr y Canoldir ac wedi glanio yn Sicily, a chyn hir 'roeddem ninnau ar daith eto yn y wagenni gwartheg yn ôl i Phillipville. Cyn pen dim o amser yr oeddem ar fwrdd llong cludo milwyr ac yn croesi Môr y Canoldir.

(5)

Cyrraedd Ewrop

Nid oedd y llong hon lawn cymaint â'r un o'r Clyde, ond yr oedd cannoedd ohonom ar ei bwrdd. Llongwyr o'r India oedd y rhan fwyaf o'r criw, ac eithrio'r prif swyddogion, ac yr oedd aroglau bwyd y wlad honno drwy'r llong i gyd o un pen i'r llall. Ers yr adeg honno ar y llong, ni fedraf oddef arogl bwyd yr India. Wrth fynd heibio tŷ bwyta Indiaid neu rywle tebyg gydag aroglau *curry*, mae'n fy atgoffa am y llong ar Fôr y Canoldir ym 1943.

Nid wyf yn cofio faint a gymerodd y fordaith o Ogledd Affrica i Sicily. Yn ystod y daith yr oedd hi'n heulwen braf, ac 'roeddem yn cael diogi ac ymlacio ar y bwrdd. Bwriwyd yr angor ryw ddwy filltir o borthladd Augusta. Mae'n debyg fod rhaid disgwyl am le. 'Roeddem yn ymdrochi yn y môr, neidio o'r llong a dringo cadwyn yr angor wedyn. Amser difyr iawn a'r môr yn gynnes.

Yn y diwedd aethom i mewn i borthladd Augusta, a gadael y llong gyda'n paciau ar ein cefnau. Martsio drwy'r dref i winllan ar ei chwr. Ar ôl martsio a chwysu, gorwedd ar y ddaear a gwneud ein hunain yn gyfforddus. Rhoi rhwyd mosgito drosom yn yr hwyr a rhwbio eli ar ein breichiau, wynebau a'n gyddfau i gadw'r mosgito draw, ac wrth gwrs, yn llyncu tabledi o hyd.

Hyd hynny, nid oeddwn wedi gweld brwydro na chlywed ergyd yn cael ei thanio o ddifri. Byddai tro ar fyd yn fuan iawn. 'Roedd y gelyn wedi ffoi ar draws Culfor Messina nes cyrraedd tir mawr yr Eidal, Reggio Calabria, ac yr oedd byddinoedd y gorllewin yn dyn wrth eu sodlau. Dyma ninnau'n symud i fyny arfordir Sicily ac i winllan arall ger tref Catania. Yno, clywsom fod byddinoedd yr Eidal wedi rhoi'r ffidil yn y to a rhoi'r gorau i ymladd, a bod y Pennaeth Benito Mussolini wedi ffoi i ogledd yr Eidal a oedd dan oruchwyliaeth yr Almaenwyr wrth gwrs. Felly, o hyn ymlaen, yr Almaenwyr oedd yr unig fyddin a oedd yn ein gwrthwynebu. Ymhen diwrnod neu ddau, yr oeddem ninnau ar longau cludo

23

milwyr a thanciau LCTs yn croesi'r culfor i Reggio Calabria, ac i wersyll dros dro mewn tref o'r enw Nicastro.

Yno fe'm cefais fy hunan mewn catrawd o'r Alban. Mae llawer o bobl wedi gofyn i mi dros y blynyddoedd sut y digwyddodd hynny i mi. Wel, fel y byddai catrawdau yn colli milwyr o achos rhyfela neu afiechyd, byddent yn anfon i'r gwersyll bob hyn a hyn am ragor er mwyn cyrraedd nifer priodol. Felly, aeth rhyw ddwsin neu bymtheg ohonom at Wŷr Meirch yr Alban.

(6)

Y 'Scottish Horse'

Sefydlwyd hwy yn Ne Affrica adeg Rhyfel y Boer ar dro'r ganrif gan Albanwyr, a rhai o dras Albanaidd oedd yn byw yn y wlad honno. Hefyd Albanwyr o Awstralia ac, yn naturiol, rhai o'r Alban ei hun. Catrawd o wŷr meirch oeddent, tua 5,400 o filwyr. Y Prif Gyrnol bryd hynny oedd Duc Atholl o Gastell Atholl yn Swydd Perth, ac yr oedd y rhan fwyaf o'r Albanwyr yn hanu o Blair Atholl, Pitlochry a'r cyffiniau. Yr oedd y parêd olaf ar geffylau, tua 600 ohonynt, ym mil naw tri deg a naw.

Bu'r gatrawd yn cymryd rhan yn Rhyfel y Boer ac yn y Rhyfel Byd Cyntaf, sef yn Gallipoli, Ffrainc a'r Aifft. Wedi i ddyddiau'r gwŷr meirch ddod i ben, daethant yn rhan o Adran y Gynnau Mawr, a sefydlwyd dwy gatrawd o ynnau mawr ym mil naw tri deg a naw, ac felly y bu drwy'r Ail Ryfel Byd – yr '80th (Scottish Horse) Medium Regt', a'r '79th (Scottish Horse) Medium Regt'.

Yn gynnar ym mis Ebrill, 1943, hwyliodd yr '80fed' ar y P & O Strathaird o'r Clyde i lawr i Dde Affrica, gan alw yn Cape Town a hwylio ger arfordir dwyreiniol Affrica. Cyrraedd Durban a threulio ychydig ddyddiau yno a cael croeso mawr. Ymlaen tua'r gogledd ac i Port Tiwfik, yng nghanol Camlas Suez, ac i Qussasin ger Cairo yn yr Aifft. Wedi bod yno am beth amser, symud i ardal y pyramidiau. Ar yr 20fed o Fehefin, 1943, cychwyn ar daith o 1,500 o filltiroedd ar hyd arfordir Gogledd Affrica. Cymerodd hynny 13 o ddiwrnodiau, gan fynd heibio meysydd rhyfel El Alamein a Tobruk. Wedi cyrraedd Tripoli, croesi Môr y Canoldir mewn LCT a glanio yn Sicily. Yna croesi Culfor Messina a glanio ar dîr mawr yr Eidal yn Reggio Calabria. Yr oedd ein chwaer gatrawd wedi aros ym Mhrydain Fawr hyd nes daeth y glanio yn Normandi ym mis Mehefin, mil naw pedwar pedwar, ac ymlaen drwy Ffrainc, Gwlad Belg a'r Iseldiroedd, a gweld diwedd y Rhyfel yn yr Almaen ym 1945.

I ddychwelyd i Nicastro, cefais groeso mawr yn y gatrawd gan bawb, ac yn fuan iawn yr oeddwn yn teimlo'n reit gartrefol ac yn mwynhau cyfeillgarwch yr Albanwyr. Nid wyf yn cofio fawr ddim am Nicastro ei hunan, gan ein bod bob amser allan yn y wlad mewn gwinllan neu berllan. Yr oedd hi'n tynnu at ddiwedd Medi, a dyna symud i ddwyrain y wlad. Nid oedd llawer o wrthwynebiad gan y gelyn yn ystod yr wythnosau cyntaf. Yr oeddem o dan oruchwyliaeth yr 8fed Fyddin, gyda'r Cadfridog B. L. Montgomery wrth y llyw. Yr oedd ymladd ffyrnig yn y gorllewin, yn Salerno a'r cylch; yn ffodus ni chawsom ein hanfon i'r fan honno.

Pan ddechreuodd glawogydd yr hydref, yr oedd dau elyn i'n herbyn – yr Almaenwyr a'r tywydd. Buom ger San Savero ar Wastadedd Foggia am beth amser ond yn symud ymlaen yn araf ar ôl y gelyn. Yn ffodus iawn nid oeddem yn cilio yn ôl, er bod ambell frwydr waeth na'i gilydd. Ar y cyfan, 'roedd pethau'n gymharol dawel. Yr oedd y tywydd yn gwaethygu os rhywbeth.

'Roedd pedwar gwn i bob gosgordd ('troop') a chriw o ddeg yn trin bob un o'r gynnau. Yr oedd yn anferth o wn, yn pwyso tair tunell neu bedair 'rwy'n siŵr, a'i olwynion gymaint ag olwynion bws. Felly, yr oedd ei drin yn waith anodd, ond gan fod deg ohonom, yr oeddem yn llwyddo i wneud y gwaith yn foddhaol. Yr oedd lori yn ei dynnu o fan i fan (tractor gwn), ond yr oedd rhaid wrth nerth bôn braich i'w gael i'w le'n iawn ac yn barod i'w danio. Oherwydd ein bod allan ym mhob tywydd, 'roedd yn orchwyl reit anodd o dro i dro, tamprwydd a gwlybaniaeth yn barhaus, ac 'roedd rhaid agor ffos neu dwll i swatio pan fyddai'r gelyn yn tanio'n ôl. Lawer gwaith, wrth drafaelio o un lle i le arall, yn y gwynt a'r glaw, byddai'r gwn a'r lori yn llithro yn y llaid, a'r gwn yn troi ar ei ochr neu, yn aml iawn, â'i draed i fyny. Pawb yn neidio o'r lori â'u rhawiau a thorchi llewys, a thrwy ryw ryfeddod yn llwyddo i gael y lori a'r gwn yn eu holau ar dir gwastad ac ail-gychwyn. Ni fyddem byth yn tynnu ein dillad, dim ond gwneud y tro â'r dillad tamp yn aml iawn. Yr oedd aelodau pob gwn yn gyfrifol am baratoi eu bwyd eu hunain; dim llawer o drafferth os oedd y tywydd yn sych, ond yn anobeithiol yn ystod y tywydd mawr – dim ond pryd oer fyddai i'w gael.

Weithiau byddem yn ein cael ein hunain ar fuarth fferm neu dyddyn, ac yn manteisio ar 'sgubor neu hofel, ac yn falch iawn o gael lle sych a chyfle i dacluso tipyn arnom ein hunain. Byddem yn crwydro o gwmpas y caeau yn chwilota am fwyd ffres, moron neu unrhyw gynnyrch o'r caeau, yn lle tuniau o hyd ac o hyd. Byddem yn bargeinio â'r Eidalwyr – sigarets, sebon, *corned beef* a pheth gwerthfawr arall, sef halen. Byddai hyn yn llwyddiant, yr Eidalwyr a ninnau yn fodlon ar y fargen. Yr oedd criw un o'r gynnau wedi bargeinio am oen llywaeth, a bu gyda nhw am rai wythnosau yn symud o le i le. Ond fe'i lladdwyd yn y diwedd a'i ferwi. Berwi cig oen! Piti mawr! Nid oedd y ffasiwn beth â phopty i'w rostio. 'Roedd gennym ni ieir ar ein gwn yn aml iawn, ond nid oes cof inni gael wy! Pan fyddem yn symud o le i le, byddem yn rhoi'r ieir mewn cist de a'u gollwng ar ôl cyrraedd. Cofiaf symud unwaith liw nos. 'Roedd yr ieir yn clwydo yn y gwrychoedd o amgylch y gwn, ond bu raid eu gadael i gymryd eu siawns. Nid oedd wiw i ni olau lamp na thanio matsen, ond yn fuan iawn cawsom chwaneg o ieir.

'Roedd hi'n ganol hydref erbyn hyn, â'r tywydd yn mynd o ddrwg i waeth a gwrthwynebiad y gelyn yn cryfhau. 'Roeddem yn anelu at dref Piscara, lle yr oedd ffordd ar draws y wlad i brifddinas Rhufain. Un tro 'roeddem mewn cae a oedd yn llaid i gyd fel cae wedi ei aredig, a'r llaid dros esgidiau, neu *wellingtons* a dweud y gwir. Nid oedd modd cael y lori i mewn i'r cae a honno yn lori cludo siels i ni ar gyfer y gynnau. Felly, 'roedd rhaid mynd ar draws y cae a chario'r siels ar ein ysgwyddau. 'Roedd pob un yn pwyso canpwys. Cofiaf ddod ar draws y cae yn cario un o'r rhain, pan ddaeth fy nhroed o'r *wellington,* a honno a'r hosan o'r golwg yn y llaid! Gorfod rhoi cynnig ar gael fy nhroed yn ei hôl! Dyma ollwng y siel i'r llaid a rhoi fy nhroed yn ei ôl yn llaid i gyd. Y peth nesaf oedd ceisio codi'r siel yn ôl ar fy ysgwydd. Mynd ar fy ngliniau yn y llaid a rhoi fy mreichiau o dani, a llwyddo rywfodd i godi'r siel ac ail gychwyn. Dyma enghraifft o frwydro yn erbyn yr elfennau, ond 'roedd digon o hwyl i'w gael, a phawb yn reit galonnog er ein bod yn llaid o'n traed i'n corun.

Ymhen amser, fe gawsom bebyll bychain, un rhwng dau. Nid oedd hyn yn gwella fawr ar y sefyllfa am fod angen agor twll a rhoi'r babell drosto, ac ar ôl y diferyn lleiaf o law yr oeddem yn yr un cyflwr. Nid oeddynt yn werth y drafferth i'w codi. 'Roedd yn anobeithiol cael sychu dillad. Cofiaf un bore ddod allan o'r babell a hithau yn tywallt y glaw, rhoi 'mantell nwy' amdanaf, helmed ddur ar fy mhen a mynd am damaid o frecwast – hanner torth wlyb, talp o bwli bîff a phaned o ddŵr. Yr oedd yn well na dim o dan yr amgylchiadau. Pan es yn ôl i'r babell, yr oedd y twll wedi llenwi â dŵr, a'm côt fawr a'm plancedi o'r golwg. Enghraifft arall o elyniaeth y tywydd. Pan fyddem mewn hofel 'roedd gwell trefn ar fwyd ac ar dacluso rhyw gymaint ar ein dillad a'n cyflwr.

O bryd i'w gilydd, byddem yn cael gwasanaeth crefyddol ar Faes y Gad, y caplan a'i ddreifar yn dod mewn jîp. Byddem yn eistedd ar garreg neu focs, a'r caplan yn rhoi pregeth neu anerchiad, canu rhyw emyn neu ddau, a'r dreifar yn chwarae piano accordion, bron yn ddi-feth. Un o'r emynau oedd 'Abide with Me', yr emyn a fyddai'n cael ei ganu wrth gladdu'r meirw. Yn ystod y gwasanaeth, byddai un glust yn gwrando ar y caplan a'r glust arall yn gwrando rhag bod unrhyw sŵn neu symudiad o gyfeiriad y gelyn. 'Roeddem yn barod i swatio mewn eiliad. Ond ni bu achos i wneud hynny yn ystod y gwasanaeth – dylanwad y caplan mae'n siŵr!

Yr oedd gwahaniaeth mawr rhwng trigolion y De a thrigolion y Gogledd. Yn y de 'roedd bustych mawr gwynion a chanddynt gyrn hirion yn tynnu peiriannau'r fferm, ac yn tynnu y troliau. Er fod golwg gas a pheryglus arnynt, 'roeddynt yn reit ddof, Y gwragedd oedd yn gwneud y rhan fwyaf o'r gwaith, ar y tir ac yn y cartref. Byddent yn mynd i lawr i lan yr afon i olchi dillad a'u curo ar y cerrig. Nid oedd fawr ddim sebon yn cael ei ddefnyddio. Byddent yn cario'r dillad mewn basgedi mawr ar eu pennau a cherdded adref yn droednoeth ac, yn aml iawn, yn cario sandalau yn eu dwylo. Yr oedd ffynnon ymhob pentref bron, a honno oedd y man cyfarfod ac i drafod. Clywais ddweud bod yr Almaenwyr yn gollwng corff dyn neu anifail i ffynhonnau rhag i ni gael yfed y dŵr, ond ni bûm i'n dyst o hynny, ond yr oedd yn gwneud inni hel meddyliau. Byddai'r Almaenwyr yn gwneud peth digon mileinig weithiau, yn llosgi cynnyrch neu ysgubor, wedi iddynt gymryd pob dim yr oedd arnynt hwy ei angen. Byddem yn crwydro'r caeau, ac yn aml fe fyddai'r perchennog yntau yn cadw golwg ar ei dir. 'Roeddem yn methu deall pam, ond fe ddaeth y rheswm yn amlwg o'r diwedd. 'Roedd wedi agor anferth o dwll ar ei dir a chladdu casgen win wag yn llawn o'i eiddo gwerthfawr, a chadw ei lygaid ar y llecyn hwnnw y byddai rhag ofn i ni gael gafael arno. Ond ni byddai wiw i ni wneud y fath beth. Wedi eu cuddio rhag yr Almaenwyr yr oeddynt, gan fod y rheini mor hoff o'u helpu eu hunain. Yn aml iawn, pan fyddem mewn ffermdy ac am fargeinio am rywbeth, y stori'n aml fyddai nad oedd ganddynt ddim byd, bod y gelyn wedi mynd â'r cwbl. Ni fyddem yn dwyn pwysau arnynt, dim ond derbyn eu gair.

Cofiaf fynd drwy drefi a phentrefi Vasto a Pisaro, a chael treulio prynhawn yn San Marino. Yn y rhan fwyaf o'r llefydd hyn 'roedd olion y rhyfel yn ofnadwy. Wedi cael eu chwalu'n ddidrugaredd tua'r amser hwnnw, sef mis Tachwedd. Yr oedd dwy afon i'w chroesi, y Trigno a'r Sangro, a'r brwydro'n chwyrn. Wrth gilio byddai'r gelyn, bron heb eithriad, yn dinistrio pob pont. Felly yr oedd rhaid codi pont dros-dro (Pont Bailey), yr un fath â set *Meccano* anferth. Pan fyddai afon yn isel neu'n sych, byddem yn croesi ar ei gwely gyda dyfalbarhad. Er gwaethaf y gelyn a'r tywydd, llwyddwyd i'w chroesi, a cael cymorth gan fyddin Seland Newydd.

(7)

Y Nadolig yn Nesáu

Erbyn mis Rhagfyr 'roedd yr eira a'r lluwch wedi cyrraedd. Yr ymladd wedi arafu rhyw gymaint oherwydd y tywydd. Er ein bod yn cael seibiant bach heb lawer o danio, 'roedd digon o waith i'w wneud yn cadw trefn ar ein cyflwr, sychu dillad ac yn y blaen, a glanhau ein geriach a'u cadw mewn cyflwr boddhaol. Daeth dydd Nadolig a'r eira'n drwch (wele gwawriodd dydd i'w gofio). 'Roedd y Nadolig hwnnw'n fythgofiadwy – yr eira at ben-glin. Serch hynny, bu'n adeg o hwyl a llawenydd hefyd. Fy ngorchwyl fore'r Nadolig oedd lladd tair iâr, eu pluo a'u glanhau. Y lleill yn gwneud popty o gerrig a llaid, hollti 'jeri can' ar ei hyd i wneud tun rhostio. I mewn â hwy gan obeithio'r gorau. Yr oedd tipyn o waith cnoi arnynt. Fel y byddech yn disgwyl, nid oeddynt yn frau fel cyw!! Wrth rheswm, bwyd tun oedd yno fwyaf, a chawsom siâr go helaeth o *rum*. Felly, beth oedd ots am ddim!! Aeth y diwrnod heibio yn ddidramgwydd, diolch i'r *rum*, a hwnnw fu'n help wrth gysgu yn yr eira! Ni bu tanio dros yr Ŵyl, diolch am hynny. Tua'r adeg honno y cefais y llythyrau cyntaf o gartref. 'Roeddynt yn dderbyniol iawn. Nid oeddwn wedi clywed dim ers chwe mis, a byddai ambell bwl o hiraeth yn dod.

Yn ystod wythnos gyntaf yn y flwyddyn newydd fe aethpwyd â'r gwn i weithdy am faril newydd, ac amryw fân bethau eraill. Cawsom ymadael â'r maes am ychydig ddyddiau, yn aros ar fuarth tyddyn bychan, yn cysgu mewn adeilad o wellt a 'choed tebyg i gartrefi brodorion Canolbarth Affrica. 'Roedd y mynediad yn llydan, ac yr oeddem wedi rhoi tarpolin ar hwnnw rhag yr eira a'r lluwch. Wedi inni roi'n pennau i lawr fin nos i gysgu, byddai'r llygod mawr yn dod i lawr o'r grib ac yn neidio dros ein plancedi. 'Roedd hynny'n deimlad digon anghynnes. Wedi ychydig ddyddiau cawsom y gwn yn ei ôl i'r maes. Cyn mynd, dyma roi'r adeilad gwellt ar dân, a phawb gyda choes caib neu bastwn, yn

30

lladd y llygod wrth iddynt ddianc o'r tân. Mae'n debyg bod y perchennog yn ei ddefnyddio fel hofel, ond fe'i llosgwyd i'r llawr.

Ni buom yn hir iawn yn y maes hwnnw, rhyw wythnos efallai. Wedyn codi pac eto ac ar draws gwlad i lan y môr ger Naples. Taith deuddydd neu dri. Fel llawer iawn o'r ffyrdd yn yr Eidal yr amser hwnnw, yr oeddynt mewn cyflwr ofnadwy, yn serth ac yn droellog iawn (*hairpin bends*). Dringo un ochr a mynd i lawr y llall, a'n calonnau yn ein gyddfau yn aml iawn. Ar derfyn y daith, cyrraedd pentref bach Ottaviano ger Naples. Yr oedd llosgfynydd Vesuvius yn ymyl. O edrych i fyny yn yr hwyr, byddai ei gopa i'w weld yn debyg i brocer poeth yn yr awyr. Ymhen ychydig fisoedd i hynny, ffrwydrodd y mynydd a'r lafa poeth yn llifo i lawr y llethrau, gan achosi difrod mawr a dychryn a braw i'r trigolion. 'Roedd llwch y lafa yn dew dros bobman am filltiroedd.

Yr oedd hi'n ddechrau blwyddyn mil naw pedwar deg a phedwar, ac ymladd chwyrn a gwaedlyd yn Casino. Daeth y fan yn enwog am fisoedd wedyn, gyda cholledion mawr ar y ddwy ochr. Yr oedd Abaty mawr ar fryn uwchlaw Casino, a hwnnw ddwywaith gymaint â Phalas Buckingham; chwalwyd yr Abaty yn yfflon yn ystod y misoedd hynny. Yn Ottaviano nid oeddem yn gwybod beth oedd o'n blaen, nac i ble yr oeddem yn mynd, na dim byd. Yr oedd y lorïau a'r gynnau yn cael eu gwneud yn ddiddos rhag gwlybaniaeth, felly 'roedd yn debyg fod mordaith o'n blaenau. 'Roedd rhai yn meddwl ein bod yn mynd yn ôl i Brydain i baratoi at y glanio oedd i fod yn Normandi ymhen ychydig fisoedd. Eraill yn dweud ein bod yn glanio yn Ne Ffrainc a chychwyn ar draws Ewrop o'r fan honno. Yr oedd gan bawb ei fersiwn ei hun o'r hyn oedd o'n blaenau.

(8)

Yr 'Anzio Beach-Head'

Cyn pen dim amser 'roedd ein catrawd ni ar fwrdd long LCT yn cychwyn hwylio i'r môr. 'Roedd hi'n tynnu at ddiwedd Ionawr a ninnau'n hwylio i fyny arfordir yr Eidal a glanio ar draethau tua deng milltir ar hugain i'r de o brifddinas Rhufain, a thrigain milltir efallai i'r Gogledd o Casino. Yr oedd Rhufain a Casino yn nwylo'r Almaenwyr wrth gwrs. 'Roeddem wedi glanio y tu ôl i Faes y Gad, yng nghanol tir y gelyn, a'r unig ffordd oddi yno oedd y môr tu cefn inni. Yn ffodus, yn y dyddiau cynnar, ni bu fawr o wrthwynebiad gan y gelyn. Pwrpas yr holl ymdrech oedd meddiannu ffordd fawr (Priffordd 6) rhwng Rhufain a Casino, ac ar hyd honno y byddai'r Almaenwyr yn anfon milwyr ac arfau i Casino. Felly, 'roedd rhaid torri'r cyswllt hwnnw ond, gwaetha'r modd, fe gymerodd hynny o fis Ionawr hyd fis Mai gyda brwydro ffyrnig a chaled dros y misoedd hyn a cholledion anhygoel ar y ddwy ochr. Yr oedd Gwarchodlu y Grenadiers, Gwarchodlu'r Alban, Gwarchodlu'r Iwerddon a llawer o gatrawdau eraill wedi colli peth ofnadwy o filwyr. Clywais ddweud bod traeth glanio Anzio yn uffern ar y ddaear, a hawdd iawn oedd credu'r gosodiad hwnnw.

Fel y dywedais, 'roedd y dyddiau cyntaf yn gymharol dawel gydag ambell blwc o danio. Yr oeddem wedi gosod ein gynnau ar fin coedwig fechan a'u trwynau yn ymwthio o'r coed i gyfeiriad y gelyn. Tir gwlyb oedd yno, ac nid oedd modd agor ffos neu dwll swatio. Felly, 'roedd rhaid gwneud heb gysgod – rhyw deimlad ofnus ac ansicr. Ar yr ail neu drydydd o fis Chwefror ymosododd y gelyn mewn nerth. Dyma siel y gelyn yn ffrwydro yn ein mysg a lladd tri o'r criw yn syth, a phedwerydd yn marw ymhen ychydig oriau. Clwyfwyd y chwech arall ohonom. Mendiodd pump a dychwelyd i'r gatrawd ymhen ychydig fisoedd. Y chweched oedd Sarjant William Booth (enw hawdd iawn i'w gofio), a oedd wedi

Y 'Scottish Horse'
1900 - 56

I Gofio am Gyfeillion na Chawsant ddod Adref yn Ôl

Yr Awdur, yn Sicily, 1944

BARDONECCHIA, YR EIDAL, 1945

AR Y FFIN RHWNG YR EIDAL A FFRAINC, 1945

ei glwyfo'n ddrwg, ac aeth adref i Aberdeen yn ei glwyfau. Aeth y wraig a minnau i Aberdeen yn 1984, a galw i ymweld ag o am y tro cyntaf ers deugain mlynedd, sef er pan gawsom ni'n dau ein clwyfo. Yr oedd dagrau a llawenydd yn y cyfarfyddiad y penwythnos hwnnw yn Aberdeen. Mae William wedi croesi'r ffin erbyn hyn – coffa da amdano.

Wedi'r ffrwydrad 'roeddem ni'r criw yn gorwedd yma ac acw. Un neu ddau ohonom yn griddfan mewn poen a'r cwbl ohonom wedi dychryn. Ond daeth cymorth ymhen amser wedi i bethau dawelu ychydig. cawsom ein gwneud yn gysurus gan fechgyn yr RAMC ac fe'n rhoddwyd ar *stretchers*, ac i ffwrdd â ni i'r CCS – ysbyty pebyll ryw dair milltir o Faes y Gad. 'Roeddent yn trin clwyfau brys ar unwaith, yn gwneud achosion difrifol yn gysurus, ac yn trin mân friwiau y rhai hynny oedd yn ddigon da i fynd yn ôl i'r maes. Yr oeddwn i yn y dosbarth canol. Treulio'r noson yn y CCS ar lawr ar *stretcher* mewn pabell, yn gwrando ar y gelyn yn tanio at y porthladd, a gwrando ar sŵn awyrennau'r gelyn yn hedfan dros yr ysbyty i fomio Anzio. Teimlad digon ofnus ac ansicr, ond daeth y bore a cael ein rhoi ar lorïau i gyd. Draw i'r porthladd ac ar fwrdd LCT eto. Hwylio allan i'r môr o sŵn a pheryglon y porthladd, i lawr yr arfordir i gyfeiriad Naples eto, ac i ysbyty milwrol yno.

Ymhen blynyddoedd wedyn cefais wybod bod fy nghyfaill, Dr D. V. Bowen Jones, meddyg ym Methesda am flynyddoedd lawer ac yn awr wedi ymddeol ac yn byw yn Nhregarth, yn swyddog o feddyg ar un o'r LCTs oedd yn mynd a dod rhwng Naples ac Anzio; yn cludo arfau a ffrwydron i Anzio, a milwyr clwyfedig yn ôl i Naples. Dwy siwrne gwbl groes i'w gilydd onide? Dywedodd y doctor fod rhaid cael meddyg wrth gludo arfau rhag ofn y digwyddai damweiniau. Yr ydym wedi cael llawer i sgwrs am yr amser a fu dros hanner can mlynedd yn ôl. Profiadau yn dod yn fyw eto i ni'n dau.

Yn gynnar y bore hwnnw, cyn y ffrwydrad, mi benderfynais newid dillad – yr oedd angen mawr am gael ei wneud. Tynnais fy nillad caci a'u rhoi ar frigau'r coed a'r drain yn ymyl y gwn, er mwyn iddynt gael tipyn o awel. Gwisgais fy nillad tenau (dillad y trofannau). Wnes i ddim trafferthu tynnu pethau o'r pocedi gan fy mod yn bwriadu newid eto yn hwyr y prynhawn. Ym mhoced y siaced 'roedd Testament Newydd. Byddwn yn wastad yn ei gario ac yn ei ddarllen o bryd i'w gilydd, er bod hyn yn codi hiraeth arnaf. Gan fy mod wedi rhoi dillad tenau, fe roddais bâr o drôns hir (*long johns*) am y tro cyntaf erioed, a'r tro olaf. Cofiaf i fechgyn yr RAMC rwygo'r trôns oddi arnaf, a hwnnw'n waed i gyd, ac fe chwythwyd fy nillad oddi ar y coed yn yfflon ac ni welais i byth mohonynt.

(9)

Y Testament Newydd

Ymhen misoedd lawer, os nad blwyddyn, cefais lythyr gan fy rhieni yn dweud bod y Testament Newydd wedi cyrraedd adref (flynyddoedd o'm blaen), ac aeth mam ati i egluro sut y bu hynny. Yr oedd milwr o Gymro wedi ei godi ar Faes y Gad. Digwyddodd mai milwr o Gymro Cymraeg oedd hwn, o blith yr holl filwyr oedd yn y rhan yno o'r maes ar y pryd, peth anhygoel a dweud y gwir. Bachgen o Gastell Newydd Emlyn. Anfonodd y Testament Newydd adref at ei rieni. Ar ei wynebddalen 'roedd y gweinidog wedi ysgrifennu 'Rhodd i Stanley Morgan ar ei ymadawiad i'r lluoedd arfog, Medi 1942'. Hefyd enw Eglwys Twrgwyn. Dim ond hynny o wybodaeth oedd gan ei rieni. Aethant â'r Testament at eu gweinidog yng Nghastell Newydd Emlyn, a chwiliodd y gweinidog i gael gwybod ble'r oedd Capel Twrgwyn a chysylltodd â'r gweinidog, y diweddar Barchedig Gwilym Williams. Felly y daeth y Testament Newydd yn ôl i Fangor. Ymhen amser cefais fy eiddo yn ôl, ac y mae gennyf heddiw ac 'rwy'n ei drysori'n fawr iawn.

(10)

Cyrraedd Ysbyty yn Naples

Ar derfyn taith fer ddigyffro, ar wahân i donnau cryf y môr, cyrraedd porthladd Naples, ac mewn ambiwlans â ni i ysbyty milwrol yn y dref. Teimlad braf cael gwely cyfforddus i orwedd arno wedi'r holl fisoedd o orwedd ar lawr pridd neu ffos. Cefais driniaeth i'm clwyfau a throi ar wella. Cefais gyfle i anfon gair adref i adrodd fy hynt a'm helynt. Yr oedd fy rhieni wedi cael gair gan y Weinyddiaeth Ryfel fy mod wedi fy nghlwyfo, ond nid oeddent yn gwybod am fy nghyflwr na faint o niwed oedd arnaf. Felly, 'roedd rhaid tawelu eu meddyliau. Gwyddwn fod fy mam yn poeni ac yn crio yn aml – peth naturiol i fam onidê? Ar ôl clywed gennyf 'roedd pethau yn well.

Nid wyf yn cofio am faint y bûm yn Naples, ond 'rwy'n cofio bod milwyr yno a oedd wedi eu clwyfo yn waeth o lawer na mi. Serch hynny, yr oedd pawb yn reit galonnog a hwyliog, a chan fy mod yn gwella, cefais fy symud eto i Faes Awyr Naples ac ar awyren Americanaidd 'Dakota'. Yr oedd nifer ohonom mewn rhesi ar byncs, ac yr oeddwn i ar y bync uchaf ychydig fodfeddi o nenfwd yr awyren. Felly, nid oeddwn yn gweld fawr ddim, a theimlwn yn ddigon pryderus yn gorwedd yno. Yr oedd arwydd mewn llythrennau bras yn dweud 'Dim Ysmygu', a'r peth cyntaf a wnaeth yr Americanwyr ond rhoi sigâr bob un i ni! 'Roeddynt yn fechgyn clên a hwyliog. Ar ôl siwrne ddigyffro a didrafferth, glaniodd yr awyren ar Faes Awyr Catania yn Sicily. Dyna fi yn Sicily am yr ail dro.

(11)

Sicily

'Roedd hi tua chanol Mawrth erbyn hynny, a'r tywydd yn dechrau cynhesu. I ysbyty filwrol eto yn Catania, yn gwella yn arw ac yn mynd o gwmpas gyda chymorth ffon. Yn Sicily yr oeddem gannoedd o filltiroedd o faes y gad, ond pan fyddai'r ymosodiad chwyrn yno mewn ychydig ddyddiau, byddai'r milwyr clwyfedig yn dod i mewn yn llu, gan lenwi pob gwely yn fuan iawn. Yr oeddem yn derbyn triniaeth gampus gyda gweinyddesau o Loegr yn tendio arnom. Rhyfedd oedd clywed llais merch yn siarad Saesneg wedi'r holl fisoedd. Yr oedd aelodau o'r RAMC yn gwybod eu gwaith yn iawn ac aeth popeth ymlaen yn weddol rwydd. Gan nad oedd gennyf fawr ddim dillad, cefais fy anfon i'r 'Q M Stores', a chael popeth yn newydd, o gareiau esgidiau hyd at gôt ucha'. Wedi fy ngwneud fy hun yn weddol dwt a thaclus, cael mynd am dro ambell i brynhawn i dref Catania, a'r tywydd yn cynhesu bob dydd. Yr oedd sinema yno, o dan ofal yr Americanwyr, ac ambell i gantîn i gael paned a phryd bwyd ysgafn. Yr oedd cerdded heolydd y dref yn waith blinedig iawn, a dweud y gwir 'roeddwn yn falch o gael mynd adre'n ôl i'r ysbyty.

'Roeddwn wedi gwella'n bur dda, er fy mod wrth fy ffon o hyd. Cefais fy symud eto yng nghwmni llawer iawn o rai eraill i gartref i gael gwella'n iawn, i dref fechan ryw ddeng milltir o Catania o'r enw Acreale, ac aros mewn rhan o goleg ar gyfer myfyrwyr pabyddol – yr awdurdodau wedi benthyca rhan o'r coleg. Yr oedd yno ystafelloedd eang, a ninnau yn ein gwneud ein hunain yn gyfforddus ar *stretchers* ar lawr – dyna golli gwely cyfforddus yr ysbyty. Bu bron i ddwy flynedd fynd heibio cyn cael gorwedd ac ymlacio mewn gwely eto. Nid oeddem yn cwyno. Yr oeddem yn cael gwneud yr hyn a fynnem, fwy neu lai, ac yn parhau i wella.

Hen ysgol oedd y lle bwyta, ryw ganllath o'r coleg. Yr oedd wal uchel o amgylch yr iard yn y cefn, ac yn yr iard yma y byddem yn clirio a golchi ein celfi bwyta – casgen o ddŵr poeth i olchi'r celfi, a chasgen arall i roi sbarion bwyd. Y tu ôl i'i wal uchel yr oedd ffordd yn arwain i'r dref. Byddai plant bach yn eistedd ar y wal adeg pryd bwyd, a thun ganddynt ar ddarn o gortyn. Gollyngent y cortyn i lawr i'r iard, a ninnau yn rhoi sbarion yn y tuniau, a'r plant wedyn yn tynnu ar y cortyn ac yn gwledda ar y cynnwys. Yr oedd popeth yn gymysg, bara, dail te, esgyrn a thatws, a phob rhyw fanion. 'Roedd digon o ffrwythau i'w cael yno, ond mae'n debyg fod y plant eisiau rhywbeth mwy sylweddol (os sylweddol hefyd). Bûm yn Acreale dros ŵyl y Pasg, achlysur dathlu mawr gan y Pabyddion. Pasiant lliwgar a gorymdaith hir, cerfluniau o'r Fair Forwyn a'r baban Iesu. Yr oedd llawer ohonynt yn cymryd rhan, y plant yn eu gwisgoedd lliwgar gyda blodau a rhubanau, yn cerdded a dawnsio. Yr oedd hefyd offerynnau cerdd – golygfa hardd a gafaelgar iawn, a phawb yn eu mwynhau eu hunain. Mae'n debyg y byddai eglwysi'r cylch wedi ymuno â'i gilydd.

Tra bûm yno, fe gefais becyn gan un o gymdeithasau dyngarol Bangor, sef sigarets, sebon, cap gwau (caci), balaclafa a menig gwlân. Nid oedd angen cap na menig yn y gwres, ond fe'u cedwais yn barchus hyd nes bod eu hangen ymhen misoedd wedyn. Yn anffodus, yr oedd y sigarets wedi difetha gan fod persawr y sebon wedi mynd trwyddynt i gyd, ond 'roeddwn yn ddiolchgar am y pecyn a'r nodyn caredig hefo fo. Yr oedd yn dangos bod rhywun yn cofio amdanom.

Erbyn diwedd mis Mai, yr oedd Anzio a Casino wedi cael eu rhyddhau o afael y gelyn, ac yr oedd byddinoedd y gorllewin yn ymsefydlu yn Rhufain. Daeth yn bryd i minnau ei gwneud hi am y gatrawd yn ôl, a honno erbyn hyn mewn pentref ger Rhufain, taith o ryw dri chan milltir tybiwn. Cychwynnodd rhyw ddwsin ohonom mewn lori i Messina a chroesi'r culfor eto am yr eildro, ac ar dir mawr yr Eidal yn Reggio Calabria. Trafaelio o dipyn i beth ar hyd yr arfordir. Treulio nosweithiau mewn gwinllan neu berllan. 'Roeddem wedi cael cyflenwad o fwyd i'n cadw ar y daith a ni'n hunain oedd yn ei baratoi. Nid wyf yn cofio faint a gymerodd y daith, ond cofiaf i mi fynd drwy drefi a phentrefi a oedd wedi eu malurio'n arw. Yr oedd Casino, gellwch feddwl, yn ddarnau mân a hefyd bentref arall, Veletri. Bron nad oedd yno garreg ar garreg ar ôl – un o'r llefydd gwaethaf a welais. Aethom i gyd i wersyll dros dro am ychydig ddyddiau ac yna anfonodd y gatrawd lori i'm codi a'm dychwelyd i'r gatrawd Albanaidd. Cefais groeso arbennig iawn gan fy ffrindiau a chael gwybod am hynt a helynt pawb. 'Roedd rhai wedi eu lladd, eraill mewn ysbyty a'r gweddill i gyd mewn hwyl reit dda.

Gan ein bod yn agos i Rufain 'roeddem yn cael cyfle i ymweld â'r brifddinas. Nid oedd fawr yn mynd ymlaen yno oherwydd mai newydd gyrraedd yr oedd byddinoedd y gorllewin, ac wrthi yn ceisio cael trefn ar bethau, ond fe gawsom gipowg ar rai o'r adeiladau enwog a phwysig. Ychydig iawn o olion rhyfel oedd yn y ddinas ei hunan. Arhosem mewn tref fechan o'r enw Zaggorolo. Tawel oedd hi yno hefyd, ond yr oedd y gatrawd yn falch iawn o gael seibiant ar ôl pedwar mis o frwydro caled ar Draeth Anzio.

'Roedd croeso i haul Mehefin, a chawsom ddeng niwrnod o wyliau yn Amalfi, yn ymyl Naples, yn ymweld â Sorrento ac Ynys Capri. Hamddena yn yr heulwen ac ymdrochi os oedd awydd. Fe wnaeth y seibiant hwnnw fyd o ddaioni i bawb 'rwy'n meddwl. Mae'r ardal yn gyrchfan boblogaidd y dyddiau hyn ar gyfer gwyliau moethus – Bae Naples a llefydd cyfagos.

Tua chanol mis Gorffennaf, symud ymlaen eto i Faes y Gad ar lannau Afon Arno. Yr oeddent yn dweud bod Twr Pisa i'w weld yn y pellter, ond 'roedd gennym bethau mwy difrifol i'w hwynebu i gymryd fawr o sylw o'r Twr. 'Roedd ambell i frwydr yn ffyrnig ond dim byd tebyg i Droedle Anzio. Symud ymlaen yn araf i gyfeiriad Imola a Bologna; yn ffodus iawn nid oeddem yn gorfod cilio. Un peth yr oedd rhaid bod yn wyliadwrus amdano oedd ffrwydron tir. Byddai'r gelyn yn gwneud defnydd mawr o'r rheini, ond byddai'r Peirianwyr Brenhinol yn mynd ar y blaen gan wneud eu gorau i'w ffrwydro a'u clirio, yn rhoi tâp gwyn i nodi'r llwybr diogel rhag inni grwydro ac achosi ffrwydrad. Yn ffodus, ni chawsom ddim un achos o'r fath.

'Roedd yr helm ddur yn eitem bwysig iawn yn ein geriach, a heb honno teimlem ein bod yn ddiamddiffyn. Cofio cyrraedd lle arbennig un tro, dadlwytho'n pethau o'r lori a chael y gwn i'w safle ac yn barod i'w danio. Sylwais fy mod wedi gadael fy helm a gwyddwn bod y lori wedi mynd i le diogel ryw ddwy filltir neu dair o'r maes. Cefais ganiatâd y sarjant i fynd yn ôl o'r maes i'w 'mofyn yn ôl. Ar droed yr oeddwn wrth gwrs, yn gwylio ac yn gwrando rhag unrhyw symudiad neu swn, yn barod i swatio mewn eiliad. Llwyddais i fynd a dod yn ôl yn ddianaf a theimlwn yn well am fod yr helm ar fy mhen.

Mis Awst, symud i ran arall o'r maes i gyffiniau Rimini. Enw'r rhan honno o'r maes oedd 'Y Lein Gothig', lle bu brwydro caled am rai wythnosau. Cofiaf i bedwar ohonom gael ein hanfon mewn lori o'r maes i godi rhagor o arfau siels, a thrafaelio pum neu chwe milltir ar hyd ffordd agored gwbl ddigysgod. Wedi inni gyrraedd y storfa arfau, dyma awyren y gelyn yn ymosod ac yn saethu a ninnau'n rhedeg nerth ein traed ar hyd y ffos ar ymyl y ffordd – rhedeg ddigon pell o'r lori a'r siels, ac yn swatio ar ein hyd. 'Dyma'r diwedd', meddwn wrthyf fy hun wrth feddwl am y teulu i gyd ym Mangor a Glanrafon, a'm bywyd yn fflachio drwy fy meddwl. Diolch byth, cawsom i gyd godi o'r ffos heb ddim niwed, ond cafodd y lori ei tharo. Llwyddwyd i'w hail-gychwyn ac yn ôl â ni fel cathod i gythraul at y gynnau mawr. Yr oedd yr awyren wedi hedfan i lawr o gyfeiriad yr haul, a ninnau heb ei gweld. Cyrraedd yn ôl yn ddiogel a chael hwyl a chwerthin wrth gofio am y peth. Yr oeddem mewn tipyn o berygl, ond yr oeddwn yn ifanc ac yn llawer mwy sionc bryd hynny.

Erbyn mis Hydref 'roeddem wedi symud ymlaen gryn bellter, heb fawr ddim gwrthwynebiad. Ond, os oedd brwydr arbennig i fod, byddem yn tanio am ddeuddydd, nos a dydd yn ddi-dor. Felly, 'roedd angen digon o siels. Mae'n anodd deall sut yr oedd y gelyn yn gwrthsefyll y fath ergydion. 'Rwy'n siŵr fod y ddaear yn dyllau fel pot pupur, ond eithriad fyddai tanio felly. Byddem yn cymryd seibiant bob yn ail, cael tamaid i'w fwyta a phaned ac yn pendwmpian. Nid oedd modd cysgu'n iawn gan fod gormod o sŵn gan y gynnau. 'Roeddem wedi cael ar ddeall fod byddinoedd proffesiynol y gelyn o'n blaenau – y Panzer Grenadier 24 a 26. Mi dybiwn mai rhywbeth tebyg i Frigâd y Gwarchodlu oedd y rhain, ond gyda chymorth byddin Canada, llwyddem i symud ymlaen heb fawr ddim colledion, symud yn araf i wastadedd Afon Po.

Wrth symud ymlaen y byddem yn gweld y difrod – cyrff milwyr ac anifeiliaid yn gorwedd yn y ffosydd. Er ein bod yn symud ymlaen wrth sodlau'r milwyr traed, 'roeddem yn sylwi nad oedd esgidiau am draed cyrff milwyr y gelyn – trigolion yr ardal wedi eu dwyn cyn i'r cyrff oeri bron. Yr oedd esgidiau uchel yr Almaenwyr yn fuddiol iawn iddynt, er eu bod yn mentro'n arw. 'Roedd trapiau yn bethau digon cyffredin wrth i'r Almaenwyr ffoi. (Wrth sôn am y gwŷr traed, byddai'r milwyr yn cerdded heibio ein gynnau ar y ffordd i fyny i flaen y gad. Byddent yn honni na fyddent wedi hoffi newid lle hefo ni. Yn sicr, ni fyddwn innau wedi hoffi bod yn eu hesgidiau hwy.)

Brwydro yn erbyn y gelyn fu'n hanes am fis neu ddau, a brwydro yn erbyn y tywydd hefyd, gan fod glawogydd yr hydref wedi hen ddechrau. Weithiau byddai'n anodd dweud beth oedd y gwaethaf, y tywydd ynteu'r gelyn. Ar ddiwedd mis Tachwedd yr oeddem yng nghyffiniau tref Faenza – yn y caeau a phencadlys yr osgordd, o ble'r oeddem yn derbyn ein gorchmynion, led dau gae oddi yno. Byddem yn cysylltu â'n gilydd ar ffôn maes, gwifren o'r pencadlys at bob un o'r gynnau. Honno'n mynd hyd ymyl y caeau, y cloddiau a'r gwrychoedd. Un diwrnod torrwyd y cyswllt â'n gwn ni, nam rhwng y pencadlys a ninnau. Cafodd milwr arall a minnau ein hanfon allan i chwilota am hwnnw; symud ar ein boliau fel llyswennod. Pethau braidd yn boeth ar y pryd. cawsom afael ar y nam a'i drwsio. Erbyn hyn yr oedd pethau wedi tawelu tipyn, a dyma ni'n dau'n rhoi tro ar ein sodlau a gwneud y filltir-bedwar-munud yn ôl at y gynnau i ddiogelwch o ryw fath.

Cofiaf fynd trwy bentref liw nos, a hwnnw wedi ei falurio'n ddrwg. 'Roedd cyrff anifeiliaid, merlod a'r bustych gwyn hynny wedi eu lladd ac yn gorwedd yn y gwteri. Dyma ni yn mynd drwyddo ac i'r caeau a chael gwn i'w safle ac yn barod fel arfer. Erbyn yr hwyr drannoeth 'roedd yr arogl mwyaf ofnadwy o'n cwmpas, sef y cyrff yn drewi. Y bore canlynol dyma sgwrio a glanhau y gwn o un pen i'r llall. Tybiem inni fynd ar draws cyrff yr anifeiliaid wrth drafaelio drwy'r pentref. Nid oedd yr aroglau wedi mynd yn llai. Aeth un neu ddau o'r milwyr i ben pellaf y cae lle'r oedd tyddyn bychan ac yno, yn y buarth, yr oedd gwartheg a laddwyd yn y rhyfel ers dyddiau ynghynt, ac wrth iddi nosi byddai'r awel yn cario'r arogl i lawr y cae i'n cyfeiriad ni – a dyna achos yr arogl hyfryd!!

Pan oeddwn ger Faenza cefais ddathlu fy mhenblwydd yn un ar hugain oed. Gan bod Albanwyr yn chwilio am esgus i gael dathlu, dathlu a fu, gan agor potel neu ddwy, neu dair, o win. 'Roedd pawb yn hapus braf. Pe byddai'r gelyn wedi ymosod mewn nerth y diwrnod hwnnw, ni byddent wedi cael llawer o drafferth yn ein hachos ni! 'Doedd neb yn gallu gwneud dim. Unwaith yn unig y mae dyn yn un ar hugain oed, ac 'roeddwn innau'n llawn direidi.

Pan fyddai angen am gyfleusterau'r tŷ bach yn y caeau, yr arferiad oedd cario rhaw ar yr ysgwydd a phapur newydd o dan y gesail a chwilio am lecyn o'r neilltu. Pan fyddem yn debyg o aros yn yr unfan am ddyddiau, neu wythnos a mwy, yr arferiad oedd agor ffos bwrpasol at ddefnydd criw y gwn i gyd. Ffos ryw wyth troedfedd o hyd a thua chwe throedfedd o ddyfnder. Dyma hanesyn am gyfaill o'r enw Tom Bell, bachgen o Gaeredin. Cymeriad doniol iawn, bob amser yn chwerthin, ac yn hoff o ddiod gadarn – Albanwr i'r carn. 'Roedd Tom yn defnyddio'r ffos un bore, ac wrthi'n cau ei fotymau a thacluso'i ddillad. Dyma Almaenwyr ato, a hwythau mewn lifrai ac yn cario dryll bob un. 'Roedd y ddau wedi ymguddio yn y goedwig nes i'r milwyr traed fynd heibio, ac ildio'u hunain yn garcharorion i Tom. 'Roedd ef wedi dychryn am eiliad, a dywedodd wedyn, 'Fedrwn i ddim gwneud yn fy nhrowsus gan fy mod newydd fod, ond bu bron i mi â syrthio yn f'ôl i'r ffos!' Nid oedd yr Almaenwyr yn deall Saesneg nac yntau'n deall Almaeneg. Am hynny, mewn Eidaleg yr oeddent yn cyfathrebu. Cawsom hwyl wrth feddwl am yr amgylchiad, a hynny'n codi calonnau'r criw.

Yr oedd hi'n tynnu at y Nadolig 1944, a ninnau yng nghyffiniau Faenza o hyd. Y bechgyn yn meddwl y caem ddod o'r maes cyn y Nadolig gan ein bod wedi treulio'r un cynt ar Faes y Gad yng nghanol eira a lluwchfeydd. Byddai wedi bod yn hyfryd cael ei dreulio mewn sefyllfa well. Ac, yn wir, felly y bu. Ar yr ugeinfed o Ragfyr, symudodd y gatrawd ar draws gwlad, heibio i drefi fel Chesena, Rimini, Ancona a heibio i dref enwog Assisi. Yn anffodus, ni bu cyfle i ymweld â honno. 'Roedd hon yn siwrne reit faith – deuddydd os cofiaf yn iawn, a chyrraedd tref fechan Checchignola heb fod ymhell o Rufain. Buom yn gwersylla mewn ffatri wag yno. Pan oedd y ffatri yn gweithio 'roedd yn cynhyrchu gwydr, ond yr oedd yn hollol wag. Digon o le i'r milwyr, y lorïau a'r gynnau a phopeth, o dan do. Er mai lloriau concrid oedd yno, nid oeddem yn gorfod bod allan yn y tywydd caled.

Tra byddaf yn cofio, rhaid sôn am garedigrwydd a ffyddlondeb y WVS, a hefyd Byddin y Iachawdwriaeth. Byddai aelodau'r ddwy gymdeithas yn dod i fyny yn agos iawn at Faes y Gad i roi cymorth i ni, a rhannu sigarets, paned a chacen, a mân bethau fel sebon a rasel. Nid oes gennyf ddim ond clod iddynt am fentro felly, yn peryglu eu bywydau i ymorol amdanom ni. Maent yn haeddu pob diolch. Bu'n dyled ni fel milwyr yn fawr iawn iddynt.

(12)

Nadolig 1944

Bu'n Nadolig braf o dan yr amgylchiadau, a chanmil gwell na'r un cynt. 'Roedd gwell trefn ar y bwyd. Cinio tebyg i ginio Nadolig, a chan fod y rhan fwyaf o'r gatrawd yn Albanwyr, yr oedd digon o win, a phob math o ddiodydd eraill. Gwyddent hwy sut i fwynhau a dathlu, ac ymollwng ar ôl bod yn y maes am rai misoedd. Wedi'r Nadolig, dyma ail afael yng ngwaith glanhau ein dillad a'n taclau, a hefyd y gynnau mawr gan eu bod yn faw ac yn llaid i gyd. Gyda bôn braich ac amynedd, daethant i sgleinio fel swllt ymhen rhyw ddeuddydd.

Dyma gyfle eto i ymweld â'r brifddinas. Yr oedd tipyn mwy o drefn ar y lle y tro hwn, a chefais well cyfle i fynd o gwmpas y ddinas. Cael treulio prynhawn cyfan yn ymweld ag Eglwys Sant Pedr, yn gweld rhyfeddodau a dotio at y gwaith oedd ynddi – y cerfluniau, y ffenestri lliw, ac ati. Mynd i ymweld â llawer o adeiladau eraill yn y ddinas. 'Roedd y lluoedd arfog wedi meddiannu gwesty anferth i ni er mwyn i filwyr gael treulio oriau hamdden. Nid oedd cyfleusterau gwely a brecwast yno, dim ond mynd yno yn ystod oriau'r dydd i ymlacio. Yr oedd ystafell eang a chadeiriau esmwyth i ddiogi. Hefyd ystafell fwyta fawr, gyda llieiniau gwynion ar y byrddau a ffïol o flodau ar bob bwrdd, ac Eidalwyr yn gweini arnom. 'Roeddem yn teimlo fel teulu brenhinol yn cael y fath tendans. 'Roedd yno lyfrgell ac ystafell ar gyfer ysgrifennu llythyrau, a hefyd far yfed eang a llawr i dddawnsio gydag wythawd o gerddorion yn ein diddanu, siop barbwr, fferyllydd, ffotograffydd a siop yn gwerthu mân anrhegion. Gwesty moethus iawn a phopeth dan yr un to.

Yn ystod y cyfnod hwnnw, fe aethom i lawr i Anzio, i'r fynwent filwrol i weld beddau cyfeillion a gollwyd bron flwyddyn ynghynt. Cawsom wasanaeth syml ar lan y beddau a phibydd y gatrawd yn canu'r alarnad. Yr oedd yn amser dwys iawn a'r mynwentydd yn dwt a thaclus. Aethom hefyd i weld y man lle bu'r ffrwydrad ar gwr y goedwig, ond yr oedd byd natur wedi cuddio'r olion i gyd o dan ddrain a mieri. Ond yr oedd yn dwyn atgofion am yr adeg y buom yn gorwedd yno yn ddiymadferth. Diolch am gael dod drwyddi.

'Roeddwn yn ysgrifennu adref yn gyson, a hefyd at berthnasau Glanrafon, a minnau yn derbyn llythyrau'n rheolaidd. Un peth od – byddwn yn ysgrifennu adref yn Saesneg weithiau, peth cwbl chwithig i mi. Dyma pam: byddai llythyrau Saesneg yn cael eu sensro yn y gatrawd ei hunan. Danfonid llythyrau Cymraeg i lythyrdy milwrol yn Rhufain neu Naples. Felly, cymerent ragor o amser i gyrraedd pen eu taith, am nad oedd neb yn y gatrawd Albanaidd yn deall nac yn darllen Cymraeg. Am hynny, yr oedd werth y drafferth i droi at y Saesneg.

Daeth yn bryd i ymadael â Rhufain, flwyddyn union ers y ffrwydrad ar gwr y goedwig. 'Roedd byddinoedd y gorllewin wedi glanio yn Normandy ers bron i naw mis, ac yn prysur symud ymlaen drwy Ewrop. 'Roedd brwydro ffyrnig ar Faes y Gad yn Rwsia. Fe dybiem ni y byddai pethau'n dawelach yn yr Eidal gan fod ar yr Almaenwyr eisiau mwy o filwyr ac arfau yn Ffrainc, Gwlad Belg a'r Iseldiroedd, ond nid felly y bu. 'Roedd ganddynt ddigon o adnoddau o hyd yn yr Eidal, a chawsom wybod hynny'n fuan iawn.

Bu'r tywydd yn ddychrynllyd yn Chwefror a Mawrth, a dau elyn yn ymladd yn ein herbyn eto. Erbyn mis Ebrill, yr oedd pethau'n troi ym myd natur ac yn y rhyfela hefyd. Clywsom fod byddinoedd y gorllewin wedi cyrraedd tir yr Almaen ei hunan, ac wedi darganfod rhai o'r gwersylloedd marwolaeth arswydus oedd yno, fel Bergen Belsen a llefydd tebyg, a gweld cyflwr truenus y carcharorion a chreulondeb y gelyn. Mae'n rhaid bod y milwyr Almaenig yn yr Eidal wedi clywed hefyd. Pan ddeuai carcharorion o Faes y Gad, byddent yn cuddio eu hwynebau hefo cadach poced neu gôt. Cywilydd, mae'n debyg.

Bellach, yr oeddem ar wastadedd Afon Po, yn ymyl tref Forumpopoli, ac wedi deall mai hon fyddai'r frwydr olaf yn yr Eidal. Yr oedd paratoi mawr i gael adnoddau ac arfau'n barod, agor ffosydd a'n gwneud ein hunain mor ddiogel ag yr oedd modd, yn disgwyl pethau mawr i ddod. Daeth y newydd fod ein cyrnol wedi ei ladd. Yr oedd wedi dringo twr uchel er mwyn arolygu'r sefyllfa, ac fe'i lladdwyd ag un ergyd gan filwr cudd. Yr oedd yn ŵr bonheddig ac yn fawr ei barch yng ngolwg pawb yn y gatrawd. Cafodd ei gladdu ger Maes y Gad. Ymhen wythnos wedyn, yr oedd y Rhyfel ar ben, a'r cyrnol i fod i etifeddu Ducaeth Athol.

I ddychwelyd at y paratoi, 'roeddem ychydig filltiroedd i'r de o Afon Po, ac wedi'n gwneud ein hunain yn barod am y frwydr a'r ymosodiad i ddod. Un bore, fe ddaeth awyren y gelyn drosodd, yn hedfan yn bur isel. Dyma ni'n swatio'r munud hwnnw gan ddisgwyl am ergydion neu fomiau, ond ni fu dim byd o'r fath. Fe aeth heibio ac i ffwrdd i'r pellter. Dyma ni'n codi o'r ffos a gweld pamffledi yn disgyn o'r awyr, a neges arnynt gan y gelyn. Dyma'r cynnwys yn fras:

Yr ydych ar fîn cyrraedd yr Afon Po. Yr ydym ni yno mewn nerth yn disgwyl amdanoch. Fe gewch eich malurio yn ddidrugaredd. Byddai'n well i chi ildio cyn cyrraedd yr afon er mwyn i chi gael seibiant o'r rhyfela. Wrth ddod trosodd atom Tomi (Tomi oedd pob milwr o Brydain ganddynt) *cewch bob chwarae teg, a'ch bwyd, a'ch cadw ymhell o Faes y Gad.*

Ar ochr arall y pamffled 'roedd cartŵn o Afon Po gyda thonnau cryfion, ac ysgerbydau a chyrff milwyr yn cael eu cario i lawr yr afon gan ei lli.

Dyma fydd y canlyniadau pan fyddwch ar lan yr afon. Dewch drosodd atom ni.

Wrth ddarllen y pamffled, yr oedd rhyw gymysgedd o deimladau. Ond, wedi meddwl, nid oeddem yn cymryd llawer o sylw o'r neges. Cymryd y neges yn sbort a dweud y gwir.

Ymhen rhyw ddeuddydd, 'roeddem wedi cyrraedd yr afon, a ninnau wedi cael y gwn yn ei le eto. Wedi agor y ffosydd a pharatoi, nid oedd dim golwg o'r gelyn, na sŵn arfau; dim tanio o gwbl. Mewn coedwig fechan yr oedd lorïau, cerbydau, beiciau modur a throliau'r gelyn. Troliau pedair olwyn, yr un fath â throliau cowbois y gorllewin gwyllt yn y ganrif ddiwethaf. 'Roedd y rheini i gyd wedi eu difetha rhag ofn i ni allu eu hail ddefnyddio. 'Roeddwn wedi synnu gweld y troliau a gweld y ceffylau'n pori ar y caeau ar lan yr afon. Rhaid bod nwyddau yn brin iawn ganddynt i ddefnyddio trol a cheffyl. Yr oedd y gelyn wedi ffoi filltiroedd o'n blaenau – wedi ffoi ymhell o gyrraedd y gynnau mawr, ac felly y daeth yr ymladd i ben i ni ar lannau Afon Po. Cawsom air swyddogol ymhen amser bod yr Almaenwyr wedi rhoi y ffidil yn y to yng Ngogledd yr Eidal ac yng Ngorllewin Awstria i'r Cadfridog Harold Alexander. Yr oedd yn deimlad rhyfedd iawn, dim angen tanio ergyd eto, na chwilio am ffos neu dwll i swatio ynddynt, ac efallai y caem noson gyfan o gwsg heb orfod codi ym mherfeddion y nos. Rhyw ddeuddydd wedyn, clywed bod y Prif Weinidog wedi cyhoeddi i'r rhyfel yn Ewrop i gyd ddod i ben. 'Roedd dathlu mawr ym Mhrydain a llawer o wledydd eraill, er bod ymladd yn parhau yn y Dwyrain Pell.

(13)

Anti Nans

(Mrs. Ann Lloyd, Pen y Bryn, Glanrafon)

Cyn ysgrifennu gair ymhellach, rhaid dweud gair am Anti Nans, sef Mrs. Ann Lloyd, Pen y Bryn, Glanrafon. Nid yn unig yr oedd hi'n fodryb annwyl iawn inni i gyd fel teulu, ond 'roedd hi hefyd yn fam i bawb o'r teulu. 'Rwy'n siŵr bod fy chwiorydd, fy nghyfnitherod a'm cefndryd yn cydweld â mi ar hynny.

Byddai Anti Nans wrth law bob amser, ac yn barod ei chymwynas a'i chymorth ar bob achlysur – boed salwch, brofedigaeth neu enedigaeth, ac 'roedd hi'n arbennig o dda am warchod plant. Yr ydym i gyd fel teulu wedi mynd ar ei gofyn am gymorth ar fwy nag un amgylchiad.

Mi es draw i Ben y Bryn cyn mynd dros y dŵr a chael croeso bythgofiadwy fel arfer. Yno y cefais lond bol o laeth enwyn am y tro olaf am rai blynyddoedd. 'Rwy'n clywed ei flas hyd heddiw wrth sôn am Ben y Bryn. Byddem yn llythyru'n gyson, fel at y gweddill o'r teulu.

Byddai'n anfon pecyn ataf i'r Eidal, pwys o fenyn ffres a bara ceirch cartref, a minnau'n mwynhau'r wledd yng nghanol y dwndwr a'r llaid. Cefais hefyd, ymhen amser, becyn arall o Ben y Bryn, sef cacen gyrens drwchus a chwaneg o fenyn. Gwledd arall. 'Roeddent wedi lladd mochyn ym Mhen y Bryn a dyma anfon pastai borc i'r Eidal. 'Rwy'n cofio sôn wrth Anti Nans ymhen blynyddoedd wedyn fod twll bach yn y pecyn hwnnw. 'Llygoden m'wn!' meddai. 'Pe bawn i'n gwybod, mi fyddwn wedi rhoi trap yn y parsel!'

'Roedd yn heddychwraig i'r carn, ac yn gadarn yn erbyn rhyfel a militariaeth. Yr oedd hi'n fy siarsio cyn mynd dros y dŵr na fyddwn yn lladd neb. Mae arnaf ofn na wnes i ddim ufuddhau i'w dymuniad er na chodais erioed ddryll ar fy ysgwydd a'i danio.

47

Wrth y gynnau mawr yr oeddwn i, ac nid oeddwn yn gweld beth yr oeddwn yn anelu ato, gan ei fod ddwy, neu dair, neu efallai chwe milltir draw. Serch hynny, yr oeddem yn creu llanast ofnadwy 'rwy'n siŵr. 'Rwy'n credu y byddai Anti Nans wedi hoffi i mi rannu'r gacen efo un o'r Almaenwyr, ond mae arnaf ofn na fyddai dim un ohonom wedi cael ei mwynhau. Byddai'r gacen a minnau wedi bod yn friwsion yn y baw. Diolch am ei gofal a'i charedigrwydd dros y blynyddoedd yn achos y teulu i gyd. Melys yw'r cof am Anti Nans. 'Gwyn eu byd y tangnefeddwyr . . .'

ANTI NANS, 1949
LLYSFAM D. TECWYN LLOYD

SGWÂR ST. MARC, FENIS, 1945

EGLWYS ST. PEDR, RHUFAIN, 1944

Yr Awdur, ar Ffin yr Eidal a Ffrainc, 1945

(14)

Heddwch a Hamdden

'Roedd Mis Mai 1945 yn deg. Yr haf o'n blaenau a'r ymladd ar ben. Beth fyddai'n well? Cael mynd adref, ond bu rhaid disgwyl am fisoedd maith am hynny. Symud i lawr o faes y gad, neu o ble bu'r maes ryw ddeuddydd ynghynt. Symud i feysydd ffrwythlon Lombardi. Cael ymgeleddu'n hunain a golchi'n dillad, a hefyd dynnu'r llaid oddi ar y gwn a'i gael i sgleinio eto, cyn cael gwared ohono. Dim angen mwyach amdano, diolch byth.

Yn y saithdegau bûm yn Amgueddfa Ryfel Treffynnon a oedd mewn ogof fawr. Wrth gerdded oddi amgylch, gwelais wn yr un fath yn union â'r gynnau yr oeddem ni yn eu saethu. Edrychais arno yn hir iawn a rhoi fy nwylo arno, a'r meddyliau'n mynd yn ôl i'r dyddiau a fu. Nid oes hiraeth arnaf am weld un arall.

Wedi bod yn Lombardi yn diogi ac ymlacio am ryw wythnos, symud eto heb y gynnau, i lawr i Riccione ar arfordir yr Adriatic, rhwng Rimini a Catolica. Y mae'r ardal yma ar yr arfordir yn denu miloedd o ymwelwyr y dyddiau hyn. 'Roedd y trefi hyn wedi eu difrodi'n arw, creithiau rhyfel ar bob adeilad bron. Yn Riccione, yr oeddem yn aros mewn gwesty, dafliad carreg o lan y môr. 'Roedd iddo bedair wal a tho ond dim un drws na ffenestr. 'Roedd y muriau'n ddigon simsan. Nid oedd trydan na dŵr chwaith, yr un fath â'r rhan fwyaf o'r adeiladau bryd hynny. Cysgu ar lawr fel yn ôl y drefn os nad oeddem wedi llwyddo i cael 'styllen neu rywbeth i'n codi'n uwch na'r llawr. Bob cyfle a gaem byddem ar lan y môr yn gorweddian ar y tywod, neu'n ymdrochi yn y môr cynnes. Os oedd Traethau Anzio yn uffern ar y ddaear, dyma nefoedd ar lan yr Adriatic.

Ein gorchwyl yn Riccione oedd gwarchod carcharorion rhyfel. Yr oedd yno, ar y pryd, gatrawd o filwyr o'r Ukraine, Rwsia. 'Roedd yr Almaenwyr wedi eu dal ar faes y gad, yng ngwlad Pŵyl neu Rwsia, a'u gorfodi i ochri â nhw i ymladd yn erbyn byddinoedd y gorllewin a'u cael eu hunain yn garcharorion am yr eildro. Ceisiai swyddogion Prydain eu cael yn ôl i Rwsia a gwlad Pŵyl. Hanai tri chwarter ohonynt o Rwsia a'r gweddill o Bŵyl. Yr oedd y swyddogion yn ceisio cael papurau a dogfennau newydd ar eu cyfer, neu byddent yn sicr o gael eu cosbi neu eu lladd am ymladd o blaid yr Almaen. Nid wyf yn gwybod a fu'r ymdrech yn llwyddiant – gobeithio iddi fod.

O bryd i'w gilydd, byddem yn treulio ambell brynhawn yn Rimini yn cerdded ar hyd ffordd glan y môr. Yr oedd y ffordd a'r rheilffordd yn cydredeg â'r traeth. Nid oedd trenau, wrth gwrs, am fod cledrau'r rheilffordd wedi cael eu saethu bob rhyw ganllath gan yr Almaenwyr. Ychydig iawn o gof sydd gennyf am Rimini ond 'rwy'n cofio ôl y rhyfel ym mhobman. Cofiaf un gwesty mawr ar lan y môr yno, a dim ond pedair wal a tho iddo, yr un fath â Riccione. Mae'n rhyfedd meddwl bod y trefi yma yn drefi gwyliau poblogaidd heddiw. Tro ar fyd yn wir.

Yr adeg honno, cawsom ddeng niwrnod o seibiant yn Fenis, gan aros yn un o westai mawr y Lido de Venezia. Lle crand iawn, a mawrion Ewrop yn treulio eu horiau hamdden yno gynt. Cefais gyfle i weld Fenis drwyddi draw, y mân gamlesi, y Gamlas Fawr a'r Ponte Rialto, Eglwys Sant Marc a'r sgwâr enwog. Cefais fynd o fan i fan mewn *gondola,* ond yr oedd y dyfroedd yn fudr iawn. Nid oedd ôl rhyfel i'w weld yno ac, yn fuan iawn, daeth y gwyliau i ben. Yn ôl i Riccione â ni. Gan inni dreulio rhai misoedd ar faes y gad, nid oeddem wedi cael cyflog. Felly 'roedd yr arian yn help garw yn ystod y gwyliau yn Fenis.

Yn Riccione cefais fy mhig i mewn i'r gegin, a chael trin hynny o gig oedd ar gael. Hefyd, cefais roi cynnig ar amryw o weithgareddau eraill. Y brif fantais oedd peidio â gorfod milwrio ac ymarfer na mynd ar barêd, a chael digon o oriau hamdden. Byddai carcharorion o Almaenwyr yn cael eu hanfon atom i weithio yn y gegin, i olchi llestri a sosbenni ac ati. 'Roeddent wrth eu bodd yn cael tipyn o ryddid a siâr go dda o fwyd a sigarets. Cofiaf gynnig sigaret i un Almaenwr ifanc. 'Rwy'n siŵr mai dim ond rhyw bymtheg oed oedd hwnnw. Dyma fo'n gwrthod y sigaret ac yn poeri ar fy wyneb. 'Fyddai wiw i mi ei daro. 'Roedd wedi cael ei fagu a'i feithrin o dan swyn Hitler, mae'n debyg. 'Wnes i ddim cynnig sigaret iddo wedi hynny.

(15)

Gogledd yr Eidal

A hithau'n fis Awst bron, wedi'r seibiant braf ar lannau môr yr Adriatic, dyma daith go bell y tro yma mewn lorïau. Nid oedd rhaid llusgo gynnau mawr, diolch am hynny. Teithio ar hyd ochr orllewinol y wlad y tro hwn, deuddydd neu dri o daith a threulio'r nosweithiau fel arfer mewn perllan neu winllan, a chysgu ar bridd y ddaear. Cyrraedd tref yn ymyl Turin, tref o'r enw Pinerolo wrth draed yr Alpau Piedmontese, yn agos i'r ffin rhwng yr Eidal a Ffrainc. Yno y buom am beth amser yn gwarchod y ffin honno. 'Roeddem filoedd o droedfeddi uwchlaw'r môr. Cawsom ein symud i bentref bach yn nes i'r ffin, lle o'r enw Cecena, pentref Alpaidd tlws iawn a heb greithiau rhyfel o gwbl. Yma eto 'roedd ffynnon yng nghanol y pentref, lle y byddem yn codi dŵr ar gyfer popeth, ac wrth y ffynnon y byddem yn cyfarfod â'r pentrefwyr ac yn cael sgwrs.

Yr oedd gan nifer o'r pentrefwyr fuwch neu ddwy, a bob bore byddai'r cowmon yn hel y gwartheg at ei gilydd, a'u harwain i fyny i'r mynydd am y diwrnod. Yr oedd gan bob buwch gloch am ei gwddw, a phob cloch â'i thinc yn wahanol. Byddem yn clywed y clychau yn tincial wrth iddynt fynd heibio i'n llety ac yn eu gweld yn dychwelyd fin nos, a'r clychau'n tincial eto. Gadawai'r cowmon yr anifeiliaid wrth gwr y pentref, a throi i mewn i'r *trattoria* am lasied o win a smôc. Cyfuniad o dafarn gwrw a thafarn laeth oedd y lle hwnnw. Mewn pentref bach fel Cecena, dim ond un ystafell oedd yn y *trattoria* ar gyfer torri syched a lluniaeth ysgafn, os oedd angen. Os oedd y tywydd yn ffafriol byddai bwrdd neu ddau a chadeiriau ar y palmant. Yr oedd y gwartheg yn ymlwybro tua'u cartrefi ar eu liwt eu hunain, pob buwch yn gwybod ble i fynd, heb angen na chi na pherchennog yn sefyll ger adwy na llwybr chwaith. Pob un yn troi i'w ffordd ei hunan. 'Roeddwn yn rhyfeddu wrth feddwl am

51

y drafferth a geid wrth fynd ag anifeiliaid o Glanrafon i Ffair Corwen ers talwm.

Rhyw filltir neu ddwy o'r pentref yr oedd y ffin rhwng y ddwy wlad, gydag adeilad bychan o gerrig yno. Dyna ble y byddem, yn ein tro, yn aros i warchod y ffin, ac agor a cau y ffin yn ôl y gofyn. Nid oedd fawr ddim o drafnidiaeth arni bryd hynny. Wedi mynd dros y ffin yr oedd rhyw ddwy filltir o dir-neb, ac adeilad cerrig ochr Ffrainc gyda milwyr y wlad honno'n gwarchod. Byddem yn mynd draw atynt weithiau, er nad oeddem yn deall Ffrangeg. 'Roeddem yn medru rhannu potel o win – gellir rhannu potel win mewn unrhyw iaith!

Yn Cecena yr oedd neuadd fechan lle y cynhelid ambell ddawns, a ninnau yn cael treulio oriau difyr iawn gyda'r gwin a'r ddawns. Yr oedd yno fand bychan, sef ffidil. piano-accordion a drwm, neu ddau yn canu miwsig yr Alpau. Nosweithiau hyfryd iawn mewn lle mor anghysbell. Nid oedd gennym radio heb sôn am deledu.

Yr oedd bron i chwe mis wedi mynd heibio ers y cadoediad, ac 'roedd aelodau hynaf y gatrawd yn mynd adref o dipyn i beth, wedi gorffen eu gyrfa yn y fyddin. Felly, 'roedd y gatrawd yn lleihau yn ei nifer, nes yn y diwedd iddi beidio â bod, er ailafael wedyn yn yr Alban fel Tiriogaethwyr hyd 1956.

Tua'r adeg honno, cawsom ein symud eto i bentref bach tlws arall yn yr Alpau, a'i enw Bardonecchia. Ein gwaith yno oedd diarfogi'r Partisaniaid gan nad oedd mo'u hangen bellach. 'Roedd neuadd yn y pentref hwn eto, lle y byddem yn mwynhau oriau hamdden, yn dawnsio ac yn y blaen. Tra bûm yn Bardonecchia, fe wnes ffrindiau â merch ifanc o'r enw Santina Spampatti (llond ceg o enw). Cyfarfyddem mor aml ag y gallem, ond nid âi Santina i unman heb ei chwaer fach, rheol y teulu neu'r ardal mae'n debyg (neu fy hanes wedi cyrraedd y pentref o'm blaen!) Serch hynny, fe gawsom oriau difyr yng nghwmni ein gilydd, ond y diwedd fu symud eto, a ffarwelio â Santina.

Symud i gyffiniau Turin, a llwyddo i dreulio ambell brynhawn yn y ddinas. Os wyf yn cofio'n iawn cefais fynd adref am wyliau tua'r amser yma, y cyntaf ers i mi adael Prydain yn 1943. Trên pwrpasol o Stesion Ganol Milan. Yr oedd cannoedd ohonom yn teithio drwy'r Swisdir ac ar draws Ffrainc i borthladd Calais. Siwrne ddigon hir a blinedig, ond y peth mwyaf oedd ein bod ar y ffordd adref. Treulio noson mewn gwersyll dros dro yn Calais cyn mynd ar y dŵr a chroesi i Dover. 'Rwy'n cofio bod gennyf bidog Almaenig yn fy mhac, i gofio am yr amser a fu. Gadewais y bidog yn y gwersyll rhag ofn cael fy nal a cholli rhywfaint o'm seibiant gartref. Wrth groesi'r sianel, yr oedd clogwyni gwynion Dover i'w gweld yn blaen, golygfa groesawus iawn wedi blynyddoedd oddi cartref – ac wedi gwrando lawer gwaith ar Vera Lynn yn canu am y clogwyni enwog hynny. 'Roedd yr olygfa yn mynd at galon dyn. Wedi glanio ym Mhrydain, ei gwibio hi i Lundain ac anelu am Stesion Euston a chwilio am drên Caergybi.

Cofiaf gyrraedd stesion Bangor ym mherfeddion y nos. Hanner ffordd rhwng y stesion a'm cartref yr oedd y YMCA a throi i mewn yno rhag codi fy rhieni yr adeg honno o'r nos. Cefais gadair freichiau gyfforddus, paned o de a thamaid o fwyd a phendwmpian yno nes iddi ddyddio. Myfyrwyr o Goleg Bangor oedd yn tendio arnom. Un ohonynt oedd Huw Jones (Capel Tegid wedyn), adnabod ein gilydd ar unwaith a siarad y buom am beth amser. Yn ystod y seibiant gartref bu rhaid i mi wisgo dillad milwr, gan fod fy nillad i fy hun wedi mynd yn rhy fach i mi. Cefais groeso bythgofiadwy gan deulu a ffrindiau, a chyfle i fynd i Glanrafon i weld pawb o'r teulu yno. Ond buan iawn y daeth y gwyliau i ben, a rhaid oedd troi yn ôl tua'r Eidal. Yn ôl yr un ffordd – Ffrainc, Swisdir a Milan. Siwrne arall hir a blinedig, nes fy nghael fy hun mewn pentref arall yn yr Alpau heb fod ymhell iawn o dref Aosta. Yr oedd hi'n nesáu at y Nadolig ond heb ddim eira hyd hynny, ac yn y pentref bach yma (ni fedraf yn fy myw â chofio'i enw) y treuliasom y Nadolig; y trydydd i mi dros y môr. Yr oedd yn Nadolig difai o dan yr amgylchiadau, yn aros mewn gwesty bach diddodrefn. Tra oeddem yno anfonwyd fi a nifer o filwyr eraill ar gwrs dysgu sgïo.

(16)

Yn yr Eira

Symud yn uwch i fyny'r Alpau i bentref a oedd o dan drwch o eira, ac aros mewn gwesty twt iawn. Nid wyf yn cofio enw'r pentref na'r gwesty chwaith. Yr unig beth a gofiaf yw enw'r westwraig – Esther (enw o'r Beibl). 'Roeddem yn cael mynd ar y llethrau bob dydd i ymarfer ac i drio dysgu, ond 'roeddem yn greaduriaid ddigon di-lun ac nid oeddem yn cael fawr o hwyl arni, er fod hyfforddwr proffesiynol yn ein dysgu. Ar ben ôl yn amlach nag ar draed. 'Roedd plant bach y pentref yn mynd i fyny'r llethrau ac i lawr ar wib heibio i ni, gan godi cywilydd arnom. 'Roedd yr hen blant wedi eu magu ar y chwaraeon a phopeth yn dod yn hollol naturiol iddynt. Deng niwrnod y buom yno yn yr eira, heb ddysgu fawr ddim am sgïo ond yn ein mwynhau ein hunain yn arw hefo'r trigolion croesawus iawn. Pe bai eira fel hyn gartref yng Nghymru, byddai pethau'n draed moch a phopeth ar stop, ond yno yr oedd pob dim yn mynd ymlaen fel arfer. Ar ôl gorffen y cwrs sgïo aethom i lawr i dref o'r enw Lodi yn weddol agos i Milan. Cawsom amser segur iawn yn Lodi, a minnau'n cael bachiad eto yn y gegin. 'Roedd hynny'n well o lawer na martsio ac ymarfer.

(17)

Y Carchar

Yn gynnar yng ngwanwyn 1946, cafodd tua phymtheg ohonom
ein hanfon ar gwrs arall i ddysgu gwaith radio a Chôd Morse, ac
ati; rhywbeth nad oedd gennyf ronyn o ddiddordeb ynddo. Mae'n
debyg eu bod yn ein hanfon i rywle i wneud rhywbeth rhag cael
bod yn segur. I fyny â ni i bentref bach hynod o dlws ar lan Llyn
Como, sef Bellaggio. Nid oedd olion rhyfel o gwbl yma. Pobman
yn lân a thaclus. 'Roedd y fyddin wedi cymryd meddiant o westy
eto. Fel y lleill 'roedd hwn bron yn ddiddodrefn, ac 'roeddem yn
ein bwydo ein hunain. Caem hwylio ac ymdrochi yn y llyn yn
ystod ein horiau hamdden. 'Roedd yno neuadd ddawnsio hwylus,
lle y byddem yn treulio oriau difyr iawn. Yr oedd hefyd gantîn
yma yn cael ei redeg o dan ofal y WVS. Treuliwyd nosweithiau
hapus yno gyda phaned o de neu goffi, a chwarae *housey-housey*
(bingo). Nid oedd bar yfed yno, drwy drugaredd.

Bu rhyw ffrwgwd bychan rhyngof i a sarjant; dim ond ffrae ar
air. Y diwedd fu i mi orfod mynd o flaen fy ngwell a chael cosb.
Yr enw swyddogol ar y gosb oedd 'Cosb maes un dydd ar hugain',
ac i ffwrdd â mi i ddinas Milan ac i garchar, sef 'Gwarchoty Dinas
Milan'. Carchar oedd hwn wedi ei feddiannu gan y lluoedd arfog
i gosbi rhai fel fi, a rhai llawer gwaeth hefyd. Yr oedd yn garchar
yng ngwir ystyr y gair.

Wedi mynd i mewn i'r carchar, 'roeddem yn cael ein
harchwilio'n ofalus, a phopeth bron yn cael ei gymryd oddi arnom
– arian, sigarets, a'r manion oedd yn fy meddiant. Cymerwyd
bresus, tei, belt a chareiau esgidiau; 'rwy'n siŵr fod golwg ddoniol
arnaf! Cefais fy anfon i fyny'r grisiau troellog i'r fan lle'r oedd y
celloedd, a'm rhoi mewn cell tuag wyth troedfedd sgwâr gyda
golau gwan yn uchel yn y nenfwd, ymhell o'm cyrraedd, a ffenestr
fach â barrau arni. Y ffenestr hithau ymhell o'm cyrraedd. Yr oedd
drws trwchus i'r gell a drws bach yng nghanol hwnnw. Trwy y drws

bach y rhoddid ein bwyd inni. Yr oedd y gell yn hollol anhddifad o ddodrefn, heb wely, bwrdd na chadair, a'r muriau yn hollol noeth. Dim ond darn o goedyn sef tracfwrdd, tebyg i'r hyn sydd ar gae eisteddfod neu sioe amaethyddol i gadw'r traed o'r llaid. 'Roedd gennyf ddwy flanced a chôt uchaf, ac ar y coedyn yma yr oeddwn yn cyweirio fy ngwely – lapio fy esgidiau yn fy siaced bach i wneud clustog a rhoi un blanced oddi tanaf, a blanced a chôt uchaf drosof; ac felly y treuliais y nosweithiau yn y gell.

Adeg pryd bwyd, byddai plat a chwpan enamel yn cael eu rhoi drwy'r drws bach, a dim ond llwy ar gyfer bwyta; dim cyllell na fforc. Ac os oedd pwdin, yr oedd hwnnw ar yr un plat, a'm penglin yn fwrdd. Wedyn rhoddwn y plat a'r gwpan yn eu holau drwy'r drws bach ar ôl bwyta, heb anghofio'r llwy wrth gwrs.

Pan fyddwn eisiau defnyddio cyfleusterau'r tŷ bach neu ymolchi, yr oedd milwyr a dryll ganddo yn fy hebrwng, ac yn sefyll gerllaw pan fyddwn yn ymolchi a siafio. Wedi gorffen, rhoi'r sebon, y rasal a'r taclau i gyd yn ôl ac ymlusgo yn f'ôl i'r gell gan gydio'n dynn yn fy nhrowsus oherwydd fy mod heb fresus. Yr wyf wedi chwerthin lawer o weithiau ar ôl hynny wrth feddwl am yr olwg oedd arnaf.

Wedi rhyw bedwar neu bump diwrnod felly, cefais fy anfon i lawr i selerydd y carchar i'r gegin, am rhoi ar waith yno, sef crafu tatws, glanhau a sgwrio a phob math o orchwylion eraill, ond o leiaf 'roeddwn yn cael bod allan o'r gell yn ystod y dydd. A phwy a welais yn coginio yno, ac yn aelod o'r staff, ond y cyfaill o Brymbo oedd efo fi ar y llong o'r Clyde bron dair blynedd ynghynt. Yr oeddem yn adnabod ei gilydd ar unwaith, ac am weddill fy arhosiad yn y carchar yr oedd fy nghyfaill yn gyrru amdanaf bob dydd i weithio yn y gegin, dim ond gorfod mynd i'r gell tua phump o'r gloch fin nos a threulio'r noson yno.

Cefais fy nhrin fel gŵr bonheddig, yn cael digon o fwyd, ac eistedd wrth fwrdd i fwyta a defnyddio cyllell a fforc. Yr oedd fy ngyfaill yn fy nghadw mewn sigarets – nid oeddem fel carcharorion i fod i smocio o gwbl, ond byddai fy ffrind o Brymbo yn rhoi dwy neu dair i mi i fynd yn ôl hefo mi i'r gell. Pan fyddwn wedi cael fy rhoi dan glo am y noson, byddwn yn mwynhau smôc. Ond 'roedd rhaid cymryd gofal wrth gael gwared o'r stwmp. 'Doedd wiw i mi ei adael ar lawr y gell. Felly, rhoddwn y stympiau yn fy esgidiau ac wrth fynd i'r tŷ bach bore wedyn, yn eu gollwng i lawr y toiled.

'Chefais i erioed wybod beth oedd enw fy nghyfaill o Brymbo gan ein bob amser yn galw'r naill a'r llall yn 'Taff'. Yr unig beth a gofiaf oedd fod ganddo datŵ ar ei fraich, dwy genhinen yn groes i'w gilydd a bwch gafr rhyngddynt gyda 'Cymru am Byth' oddi tanynt. Dyma'r unig gof sydd gennyf ohono. Felly, pe byddwn yn mynd i Brymbo rywdro, byddai rhaid i mi dorchi llewys pob dyn yno!

Gwawriodd y dydd pan ddaeth y gosb i ben a chael fy mresus, tei, belt a charrai esgidiau yn eu holau a ffarwelio â'r gell. Hefyd, yr oedd rhaid ffarwelio a diolch i'm ffrind am bob caredigrwydd. 'Rwyf wedi meddwl lawer tro am y cyfleusterau oedd yn y gell 'foethus' honno.

'Rwy'n meddwl imi haeddu gwell cyfleusterau. Yn ôl a ddeallaf, mae cell mewn carchar yn llawer iawn gwell y dyddiau heddiw.

Cefais dreulio rhyw wythnos yn Milan a chael rhyw olwg o'r ddinas. Nid oedd fawr o arian gennyf gan fy mod wedi colli cyflog pan oeddwn dan glo.

(18)

I'r De Eto

Gadael gogledd yr Eidal, Milan a'r cyffiniau, a theithio i'r de mewn lorïau. Siwrne hir a blinedig eto. Nosweithiau mewn gwinllan neu berllan, a chyrraedd pentref bach i'r de o Naples, yn agos i'r llosgfynydd eto. Caem ymweld â threfi glan y môr, fel Sorrento a Salerno ac Ynys Capri, yn cael mwynhau heulwen De'r Eidal. Cefais ddal fy ngafael ar y gwaith trin cig, a mân orchwylion yn y gegin, ac osgoi martsio ac ymarfer, gweld eto pa mor wahanol oedd y bywyd yn y de, a chael golwg ar fywyd gwlad.

'Roedd tyddyn bychan yn ymyl ein llety, a'r perchennog yn arbenigo mewn tyfu tomatos. Yr oedd aceri o blanhigion ganddo ar ei dir. Yng nghanol y cae 'roedd ffynnon ac ar ei chwr gafn goncrid anferth, rhyw bymtheg troedfedd sgwâr a phum troedfedd o ddyfnder. Yr oedd nifer go dda o fwcedi ar gadwyn yn mynd i lawr i berfeddion y ffynnon, a bustach mawr gwyn yn cerdded o amgylch y cafn a siafft hir o'i goler at y ffynnon. Fel y cerddai mewn cylch, yr oedd y pwcedi yn codi'r dŵr i'r cafn. Cymerai oriau lawer i lenwi'r cafn – y system yn gweithio yn debyg i beiriant malu tsiaff neu faip yng Nghymru, gyda cheffyl yn tynnu. Wedi i'r cafn lenwi, fe fyddai'r amaethwr yn tynnu plwg o waelod y cafn er mwyn i'r dŵr lifo ohono a mynd o res i res yn dyfrhau'r planhigion felly. Fe wnâi'r gwaith yma ddwywaith bob dydd, ac yr oedd yn ddiddorol iawn gweld yr amaethwr wrth ei waith. 'Roedd cyflawnder o domatos ar gael.

Cawsom dreulio cryn amser yno yn y de, yn cael siâr go dda o oriau hamdden, yn mwynhau'r heulwen ac ymdrochi ym Môr y Canoldir. A dweud y gwir, diogi fu'n hanes. Yr oedd ein nifer yn dal i leihau, gan fod milwyr yn cael eu rhyddhau o'r fyddin a dychwelyd i fyw'n gyffredin. O'r diwedd daeth dyddiau'r diogi i ben, a chawsom ein hel ar drên i'r gogledd i gyfeiriad Milan.

(19)

Gadael yr Eidal

Gadawsom heulwen braf De'r Eidal wedi bron i dair blynedd, a symud o ddifri y tro hwn. Mynd mewn trên-cludo-milwyr ac am Stesion Milan eto. Treulio noson mewn gwersyll a chael pryd o fwyd a'n tacluso'n hunain. Ail gychwyn fore trannoeth i'r gogledd ddwyrain a thrwy'r mynyddoedd a Bwlch Brenner, a chroesi'r ffin i Awstria. Ymhen amser, cyrraedd tref Innsbruck, a chael cyfle i gael ein gwynt atom. Ail gychwyn wedyn drwy Awstria a chael gweld llawer o'r wlad o'r trên. 'Roeddem yn trafeilio'n ddi-baid a dyma groesi'r ffin i'r Almaen. 'Rwy'n cofio inni fynd trwy ddinas Hanover, ac wedi teithio am beth amser, cyrraedd tref fechan o'r enw Deipholz.

Pan gyrhaeddodd milwyr y gorllewin yr Almaen gyntaf, dros flwyddyn ynghynt, nid oeddent yn cael siarad na thrafod dim gyda'r trigolion; nid oeddent yn cael cymdeithasu o gwbl. Ond ni pharhaodd y rheol yna yn hir iawn drwy drugaredd, a ninnau newydd gyrraedd yno. Nid oeddem yn deall yr un gair o Almaeneg. 'Roeddem wedi meistroli iaith yr Eidal yn weddol ac 'roedd rhaid ail ddechrau ag iaith newydd, ond buan iawn y daethom i ddeall llawer iawn o eiriau. Nid oedd gennyf syniad ym mha ran o'r Almaen yr oedd tref Deipholz. Yr oeddem yn lletya mewn neuadd gyda chegin hwylus iawn, digon o ystafelloedd i gadw a thrin bwydydd ac ystafell fwyta eang. Yr oedd ystafelloedd i fyny'r grisiau lle'r oeddem yn cysgu. 'Roedd yn lle braf a chymharol gyfforddus. Yr oedd gennyf ystafell i mi fy hunan i drin y cig a'r pysgod, a chawn lonydd yno. 'Roedd merched o'r dref yn gweithio efo ni, yn golchi llestri a thrin llysiau a chyflawni mân orchwylion eraill. Daeth cyfle i ddysgu'r iaith ganddynt, a hwythau eisiau dysgu Saesneg. Yr oedd Deipholz yn lle reit ddymunol.

Ar amser bwyd, byddai plant bach yn tyrru at ddrws yr ystafell fwyta yn chwilio am damaid. Roedd 'bombardier' â choes caib yn ei law yn sefyll ger y drws er mwyn cadw'r plant allan. Nid oedd yn eu taro o gwbl, dim ond bygwth a cheisio'u cadw draw. Byddem ninnau'r milwyr yn llwyddo ambell waith i gael plentyn i mewn yn ddistaw bach a rhannu ein bwyd efo'r hen blant, ac yna byddent hwythau'n sleifio allan o dan drwyn y 'bombardier'. 'Roeddent yn blant annwyl a chyfeillgar iawn. Nid wn hyd heddiw beth oedd diben ein cadw yn Deipholz, a chan fy mod yn treulio f'amser yn y gegin a'r cyffiniau, nid oeddwn yn cymryd fawr o sylw beth oedd yn mynd i ddigwydd, gan nad oedd rhaid i mi wneud dril ac ymarfer.

Yn ystod y cyfnod yno cefais ddeng niwrnod o seibiant gartref. Llond trên ohonom ar daith i'r 'Hook of Holland', ac oddi yno i Harwich. Trên eto wedyn i Lundain ac anelu am Stesion Euston a thrên Caergybi. Yr oedd Stesion Euston yn hwylus iawn i fechgyn o'r gogledd. Rhyw ddeuddydd a gymerodd y daith i gyd. Cefais anffawd fach wrth ddod adref ar y trên. 'Roeddwn wedi cyrraedd arfordir y gogledd rywle tua Bae Colwyn. Penderfynais fynd i'r ystafell bach i ymolchi ac ymgeledda. 'Roedd rhywun yn y lle 'molchi. Felly, mi es i'r un nesaf a oedd yn wag, ac ymbincio. Ymhen amser, dyma'r trên yn sefyll a minnau'n tybio mai yng Nghyffordd Llandudno yr oeddwn – nid gwydr clir oedd ar y ffenestr. Dyma'r trên yn ail gychwyn ac ymlaen â ni. Stopio eto cyn hir. Meddwl fy mod yng Nghonwy. Wedi gorffen dyma ddod o'r ystafell ymolchi a gweld fy mod yn y seidins yn Llandudno! 'Roedd y trên wedi ymrannu, gydag un rhan yn mynd draw am Fangor a Chaergybi a'm heiddo i gyd ynddo, a minnau yn Stesion Llandudno yn llewys fy nghrys gyda thywel a sebon yn fy llaw ac yn teimlo fel ffŵl. 'Rwy'n siŵr fod pawb yn meddwl fy mod yn ffwndro. Yr oedd gweithwyr y rheilffordd yn gymwynasgar iawn, yn galw Bangor ar y ffôn i'w cael i godi'r gweddill o'r geriach. Yn anffodus, aeth y cyfan i Gaergybi.

Dyma'r gweithwyr, chwarae teg iddynt, yn ffonio Caergybi a chael addewid i roi fy eiddo ar y trên nesaf am Fangor. Bu rhaid teithio o Landudno i Fangor yn llewys fy nghrys. Trwy lwc, ni welais filwyr y 'capiau coch', neu mi fyddwn wedi bod mewn helynt, ond fe gyrhaeddais yn ddiogel. Mi es adref gyntaf ac i lawr i'r stesion wedyn i gwrdd â thrên Caergybi ac, yn ffodus, cefais fy eiddo i gyd yn ôl yn saff. 'Roeddwn wedi poeni yn arw iawn, gan fod gennyf nifer go dda o sigarets a thuniau ffrwythau, hufen, a llawer o fân bethau eraill; pethau a oedd yn brin yma yng Nghymru bryd hynny. Cefais groeso twymgalon gan bawb, a chyfle i ymweld â'm teulu yn Sir Feirionnydd. Yn fuan iawn daeth y gwyliau i ben ac amser prysuro'n ôl eto i'r Almaen ac i dref Deipholz at fy ngwaith yn y gegin a thrin cig.

Cefais gyfle i ymweld â dinas Hamburg unwaith, a'r dinistr yn ofnadwy yno fel mewn llawer o ddinasoedd eraill. Yr oedd y rhyfel wedi gorffen ers blwyddyn a mwy ac yn araf yr oeddent yn cael pethau i drefn, ond yr oedd gwaith mawr oherwydd maint y difrod. Dim byd i'w weld ond creithiau'r rhyfel. Yr oedd yno gantîn a chawsom dreulio'n hamser yno. Ar wahân i'r cantîn nid oedd fawr ddim arall yno. Cefais weld Osnabruck hefyd; difrod eto yno. Yn Osnabruck yr oedd pencadlys lle yr oeddynt yn didoli bwydydd i'r milwyr a chefais gyfle i fynd yno i godi bwydydd i ni yn Deipholz – siwrne diwrnod cyfan yn ôl a blaen.

Yr oedd llawer iawn o deuluoedd yn Deipholz, ond y dynion yn gaeth yn Rwsia. 'Roeddent yn poeni'n arw rhag ofn na chaent eu gweld byth wedyn, gan fod newyddion o Rwsia yn brin ac yn aneglur iawn. Daeth yn bryd ymadael â Deipholz a symud i dref arall yn yr Almaen, o'r enw Verden, gan aros mewn gwersyll milwrol yng nghanol y dref. Yn ffodus, cefais gadw fy ngwaith yn y gegin ac osgoi llawer iawn o fywyd milwr. 'Roeddwn yn cael mwy o waith trin cig gan fod llawer o'r milwyr wedi dod â'u teuluoedd, eu gwragedd a phlant i fyw yn y 'Married Quarters' y tu allan i furiau'r gwersyll.

Yn Verden, caem bapurau'r Sul o Brydain, er ei bod hi'n ddydd Mawrth arnynt yn cyrraedd. Cael cyfle i ddarllen y newyddion diweddaraf o gartref. Yr oedd erthygl yn un o'r papurau yn dweud bod dyn wedi ei gyhuddo o lofruddiaeth ar 'safle bomio' ym Manceinion, a llun y dyn yn y papur. 'Roedd hwnnw yn yr un gatrawd â mi yn yr Eidal, ac yr oeddwn wedi bod yn rhannu ystafell ac eistedd wrth yr un bwrdd ag ef lawer gwaith. Wrth edrych yn ôl a meddwl, yr oedd yn ddyn digon afreolus ac yn hoff iawn o'i ddiod a chodi twrw, a byth a beunydd mewn trafferth yn y gatrawd. Cafodd ei ryddhau o'r fyddin ymhell o 'mlaen i gan ei fod yn hŷn na mi. Cael ei grogi fu ei hanes. Yr oedd darllen yr hanes yn y papur yn ddychryn mawr i mi, a minnau wedi treulio cymaint o amser yn ei gwmni.

Ni wyddwn pam yr oeddem yn Verden. Mae'n debyg mai rhyw fath o 'Fyddin Meddiant' oeddem. 'Roedd yn dref ddigon tawel gyda neuadd ddawnsio dda iawn yno, a hefyd sinema a chantîn yn y gwersyll. Felly, nid oedd hi'n ddrwg arnom. 'Roedd hi'n nesáu at Nadolig 1946, a rhyw bythefnos cyn yr Ŵyl, dyna ni'n symud eto yn yr Almaen i le o'r enw Fallingbostel, i wersyll enfawr yng nghanol y wlad, ymhell o bobman. Nid oedd hwnnw'n lle dymunol iawn. Yno y treuliasom y Nadolig 1946. Gaeaf trybeilig o oer, a phobman wedi rhewi'n gorn. Yr oedd cantîn da iawn yn y gwersyll ond dim byd arall am filltiroedd. Nid wyf yn cofio'n iawn pryd y gadawsom Fallingbostel. 'Rwy'n siŵr ei bod hi'n nesu at Basg 1947.

(20)

Mynd Adref

'Roedd fy amser yn y fyddin yn dirwyn i ben, a llawer ohonom yn cyfri'r dyddiau. Ac yn wir, fe ddaeth y diwrnod inni adael yr Almaen am y tro olaf. Trên eto drwy'r Iseldiroedd a chroesi i Harwich, a thrên pwrpasol i'n cludo o Harwich i bencadlys y 'Gynnau Mawr' yn Woolwich. 'Roedd yn brofiad hynod iawn clywed yr iaith Saesneg ym mhobman wedi blynyddoedd o Eidaleg ac Almaeneg ymhlith trigolion y gwledydd.

Treulio pythefnos yn Woolwich, yn lladd amser yn fwy na dim, yn disgwyl cael ein galw i Aldershot i gychwyn proses ein rhyddhau i fywyd sifil unwaith eto. Cawsom ein pwyso a'n mesur a chael dillad cyffredin a phopeth o'r newydd. Yr oedd y cyfan mewn bocs cardbord a chortyn amdano – y gwaith yma wedi cymryd drwy'r dydd. Treulio'r noson yn Aldershot, a bore trannoeth cael tocyn trên a chychwyn am Stesion Euston, trên Caergybi ac am adref. Yr oedd nifer go dda ohonom ar y daith i'r gogledd, ac yn llawn paciau a geriach. Taith flinedig ond hapus i Fangor. Cyrhaeddais adref a chael croeso mawr gan y teulu a chan gymdogion a phobl leol. 'Roeddwn yn edrych ymlaen at gael byw bywyd cyffredin eto, ond yn cyfaddef ei bod hi'n anodd iawn setlo ar ôl yr holl flynyddoedd oddi cartref. Serch hynny, 'roeddwn yn hynod falch o gael bod gartref.

Er nad oedd fy nghyfraniad pitw yn y gyflafan ond megis gronyn o dywod, mi garwn feddwl fy mod wedi cyfrannu rhyw gymaint tuag at ryddhau miloedd o'r gwersylloedd angau dychrynllyd yn Ewrop: lleoedd fel Belsen, Dachau, Mathausen ac Auschwitz. A rhyddhau y caethweision o bob cenedl a oedd yn gweithio dan amodau ofnadwy yn ffatrioedd tanddaearol yr Almaen. Yr oedd y caethweision yn cael eu gweithio i farwolaeth. Eraill yn dod yn eu lle, llawer un am flynyddoedd o dan ddaear, heb weld golau dydd o gwbl, yn byw a chysgu tan ddaear fel tyrchod.

63

Pan fyddaf yn gorwedd mewn gwely cynnes mewn ystafell glyd, yn gwrando ar y glaw neu'r cenllysg yn taro ar y ffenestr a'r gwynt yn troelli yn y simdde, bydd fy meddwl yn llithro'n ôl hanner can mlynedd a mwy i'r dyddiau pan oeddwn allan yn y ddrycin heb fawr gysgod a chynhesrwydd. Byddaf yn diolch fod hynny ar ben a'm bod innau'n mwynhau bywyd. 'Rwyf wedi darllen llawer o hanes y Rhyfel Byd Cyntaf ac wedi gwrando ar brofiadau hen filwyr. Yr oedd hi'n seithwaith mwy difrifol yn Ypres, Passchendale a Meysydd Flanders, a hefyd y Somme felltigedig. Milwyr yn boddi yn y llaid a'r dyfroedd, a'r colledion yn filoedd ar filoedd. Nid oedd gennym ni yn yr Eidal fawr achos cwyno, ond 'rydym yn cwyno wrth natur yn aml iawn.

Pe byddech yn gofyn i mi a ydwyf yn falch i mi fod yno, nid wyf yn credu mai balchder yw'r gair i'w ddefnyddio. Nid yw rhyfel yn beth i ymfalchïo ynddo, ond yr oeddwn yn fodlon fy mod wedi ymuno ac yn diolch am gael dod adref os nad yn gwbl ddianaf, cael dod adre'n ddiogel. A gallaf fentro dweud fy mod wedi bod ychydig bach pellach na'r Rhyl a Chaernarfon, ac wrth gloriannu'r cyfan, gallaf ddweud bod y melys wedi bod yn fwy o lawer na'r chwerw.